Gerhard Bauer

FUSSBALLTECHNIK HEUTE

BLV

Gerhard Bauer

FUSSBALLTECHNIK
HEUTE

Mit spielerischem Training zum Erfolg

18
6

BVB

Die Deutsche Bibliothek –
CIP-Einheitsaufnahme

Fußballtechnik heute
mit spielerischem Training zum Erfolg /
Gerhard Bauer. - München ; Wien ; Zürich :
BLV, 1998
ISBN 3-405-15478-2

Demonstratoren

Torwart: Christian Holzer
Feldspieler: Christian Konrad
Jürgen Schnell
Heiko Vogel
Christian Vogl
Thorsten Zaunmüller

Bildnachweis

Alle Fotos von Lorenz Baader außer
Archiv Philippka-Verlag: S. 2/3
Hans Rauchensteiner: S. 127

Umschlagfotos: Lorenz Baader (Vorderseite),
Rückseite links: Gunnar Bernina/Bongarts Sportfotografie GmbH, rechts: Bongarts Sportfotografie GmbH
Umschlaggestaltung: Werbeagentur Sander & Krause, München

Grafiken: Daniela Farnhammer

Layout, Satz und Herstellung:
Manfred Sinicki

BLV Verlagsgesellschaft mbH
München Wien Zürich
80797 München

Gesamtherstellung: Neue Stalling, Oldenburg

Lithos und Filmbelichtung: Lanarepro, Lana (Südtirol)

Gedruckt auf chlorfrei gebleichtem Papier

Printed in Germany · ISBN 3-405-15478-2

Vorwort

Der Fußballsport ist ein Mannschaftskampfsport. Die Leistung in diesem Sportspiel resultiert aus einer Vielzahl von Faktoren (siehe dazu S. 13), dabei spielt die Technik bzw. spielen die technischen Fertigkeiten der Spieler für die Gesamtleistung die entscheidende Rolle.

In diesem Buch beschäftigen wir uns mit den einzelnen technischen Fertigkeiten der Feldspieler und des Torwarts – den Grundtechniken und ihren Variationen. In jeweils eigenen Abschnitten widmen wir uns der taktisch richtigen Anwendung dieser Fertigkeiten. Außerdem wird in speziellen Abschnitten darauf hingewiesen, wie diese durch Training verbessert werden können.

Im modernen Fußballtraining wird zwar zunehmend mehr in komplexer, ganzheitlicher Weise in Form von Komplexübungen und Spielformen trainiert. Dennoch müssen einzelne wichtige technische Elemente vom Trainer auch immer wieder gesondert geschult und verbessert werden.

Die aus dem Spielganzen herausgehobene, isolierte Darstellung der Fußballtechnik in Wort und Bild macht auch deshalb Sinn, weil sich der Trainer gerade im komplexen spielnahen Training den Blick für die Details erhalten muß. Nur wenn er detaillierte Kenntnisse von »Richtig« und »Falsch« im Ablauf von technomotorischen Handlungen hat und wenn er Bescheid weiß über die situationsspezifisch und taktisch richtige Anwendung der technischen Fertigkeiten, dann kann er seinen Spielern die Tips und Hilfen geben, die diese zu ihrer spielerischen Entwicklung brauchen.

Durch die einzigartige Kombination von Wort und Bild in diesem Buch können sich Trainer und Spieler (die gerade beim Techniktraining häufig ihre eigenen Trainer sind!) dieses Wissen in leicht faßbarer Weise aneignen.

Alles, was in diesem Buch über die Fußballtechnik gesagt wird, gilt sowohl für männliche als auch für weibliche Fußballspieler aller Leistungs- und Altersgruppen.

Ich wünsche allen Lesern, daß sie mit Hilfe der im Buch angebotenen Bild- und Wortinformationen zu noch größerem Erfolg im Fußball kommen. Über kritische Rückmeldungen bin ich – wie bei allen meinen bisherigen Büchern – dankbar.

Gerhard Bauer

Inhalt

Der Fußballsport – seine Faszination

Die Geburtsstunde des modernen Fußballsports läßt sich eindeutig auf den 26. Oktober 1863 datieren. Am Abend dieses Tages haben sich Londoner Clubs und Schulen zur Football Association, dem ersten Fußballverband der Welt, zusammengeschlossen.

Noch im selben Jahr, am 8. Dezember 1863, hat sich die Football Association endgültig von der Rugby-Vereinigung getrennt. Seither existieren diese beiden großen Sportspiele weltweit nebeneinander. Neben Rugby hat unser Fußball noch weitere sportliche Geschwister, so z. B. den American Football, den Australian Rules Football und den in Irland populären Gallischen Fußball.

Weltweit zur größten Popularität hat es ohne Zweifel der in Deutschland und Europa bekannte Fußball gebracht, der international auch als Soccer bezeichnet wird. Außer in Europa hat der Fußballsport vor allem in Südamerika und Afrika eine begeisterte Anhängerschaft. Selbst in den USA und in Asien steigt seine Popularität in den letzten Jahren ganz gewaltig. Der weltweite Aufschwung dieser Sportart in den zurückliegenden 130 Jahren ist enorm. Allein der Deutsche Fußball-Bund als der größte Sportfachverband der Welt hat inzwischen über 6 Millionen Mitglieder. Bei den Fernsehübertragungen der 52 Endrundenspiele von Fußballweltmeisterschaften wird die Zahl der weltweit zugeschalteten Zuschauer auf unvorstellbare 15 Milliarden geschätzt. D. h., daß statistisch betrachtet jeder der ca. rund 5 Milliarden Erdenbewohner 3 der 52 WM-Spiele sieht.

Seit dem Jahre 1904 wird der Fußballsport international von der FIFA (Federation International Football Association) vertreten. In der FIFA sind heute mehr als 190 Länder mit ihren Fußballfachverbänden als Mitglieder vertreten.

Fußball ist Kampf- und Mannschaftssport zugleich.

GRÜNDE FÜR DIE FASZINATION

Die Faszination der Sportart Fußball ist für Zuschauer und Aktive gleichermaßen hoch. Für die aktiven Spieler befriedigt der Fußballsport das ursprünglich jedem Menschen eigene Bewegungsbedürfnis, den Spiel-, den Kampf- und den Jagdtrieb und nicht zuletzt auch das Urbedürfnis nach Kameradschaft und Geselligkeit, das in einer Mannschaftssportart wie Fußball auch gepflegt wird.

Für die Zuschauer ist Fußball ein sportives Spektakel, in dem sich euphorische Hochstimmungen und Frustrationen die Waage halten. Für den echten Fußballfan zählt der Wettkampf seiner Mannschaft mehr als jede andere Freizeitbeschäftigung. Die Scheinwelt, in die sich der Fan dabei zurückzieht, schenkt ihm Träume von Siegen, von Erfolg und Ruhm, von Stars und Geld und – zumindest vorübergehend – das Vergessen all jener Probleme, die ihm das Alltagsleben gelegentlich schwermachen.

Letztlich aber ist diese Sportart für Spieler und Zuschauer wohl vor allem deshalb so faszinierend, weil das Spiel selbst, das technisch so anspruchsvolle Spielen des Balles ausschließlich mit dem Fuß und dem Kopf, unvergleichlich ist.

Während in anderen Sportarten wie Volleyball, Handball und Basketball die Favoriten in aller Regel auch als Sieger den Platz verlassen, ist die Spannung beim Fußballspiel sehr viel größer. Weil der Ball beim Fußballsport nicht mit der Hand gespielt werden darf und deshalb nicht so sicher kontrolliert werden kann wie in anderen Sportspielen, sind Torerfolge seltener, und das Glück spielt eine große Rolle. Das erhöht die Spannung enorm und steigert die Emotionen, die dabei frei werden.

Im sportiven Theater des Fußballsports wirken die Fans gleichermaßen als Zuschauer wie als Akteure mit.

Die Leistungsstruktur

Ein weiteres Argument für die Faszination des Fußballsports ist seine komplexe Leistungsstruktur. Sie begeistert Spieler und Zuschauer gleichermaßen.
Die Leistung im Fußball setzt sich aus einer Vielzahl von Faktoren zusammen; Faktoren, die sich gegenseitig positiv oder negativ beeinflussen können und die dadurch den Ausgang des Spiels so schwer berechenbar machen. Die untenstehende Übersicht gibt einen Überblick über dieses Bedingungsgeflecht.
Schon beim einzelnen Spieler summieren sich psychische und physische Faktoren zur sogenannten individuellen Leistungsbereitschaft und Leistungsfähigkeit. Motivationale und konditionelle Fähigkeiten, taktisches Handlungsvermögen und technische Fertigkeiten sind nur Schlagworte für eine sehr große Zahl einzelner Leistungsfaktoren.
Da Fußball eine typische Mannschaftssportart ist, kommt es im Wettkampf immer darauf an, die Leistungspotentiale der einzelnen Spieler für die Mannschaftsleistung als Ganzes nutzbar zu machen. Die Geschichte des Fußballsports und die Historie großer Mannschaften lehrt, daß eine Ansammlung hoch talentierter Spieler nicht immer auch eine gute Mannschaft ergibt.

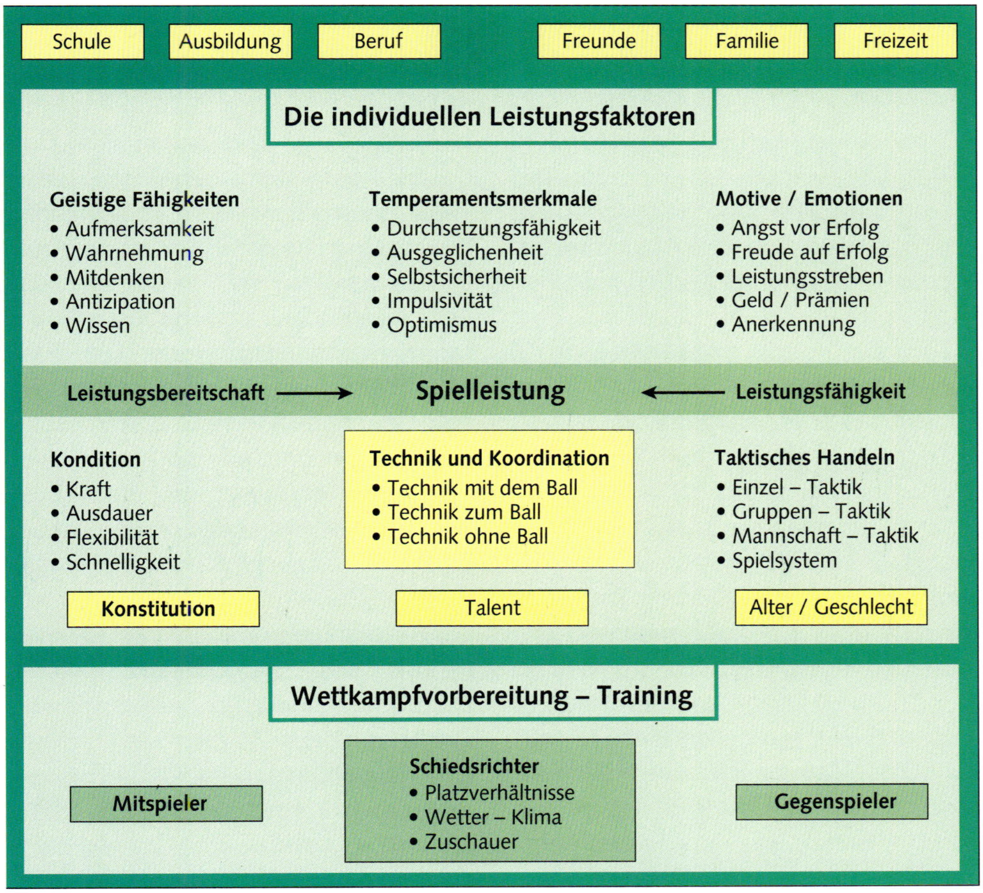

Die individuellen Leistungsfaktoren und die sie beeinflussenden Rahmenbedingungen steuern das Leistungsvermögen des einzelnen Spielers und damit der gesamten Mannschaft .

Technik und Kampfkraft gehen beim Fußballsport eine enge Verbindung ein.

In einer Mannschaft müssen die Spielertypen miteinander harmonieren; d. h., die Mischung aus Kämpfern und Technikern muß stimmen, wenn eine Mannschaft zu Höchstleistungen fähig sein soll. Am besten ist es natürlich, wenn Spieler, die über ein hohes technisches Niveau verfügen, gleichzeitig auch die kämpferische Aggressivität aufbringen, die das Fußballspiel, das ja auch ein Kampfsport ist, nun einmal erfordert.

ÄUSSERE EINFLÜSSE AUF DIE LEISTUNG

Die Leistung sowohl eines einzelnen Spielers wie die der ganzen Mannschaft wird nicht nur von internen Einflüssen sondern auch von externen Faktoren mitbestimmt. So sind im Jugendalter Probleme der Schul- und Berufsausbildung, im Amateurbereich Probleme des Berufsfeldes oder auch private Einflüsse mitentscheidend, ob ein Spieler am Spieltag in der Lage ist, sein Leistungspotential voll auszuschöpfen. Die Spielleistung des einzelnen Spielers hängt neben seinem Talent, seinem Trainingsfleiß und seiner sportlichen Lebensweise von derartigen äußeren Faktoren mit ab.

Auch die Leistung der Mannschaft als Ganzes wird von äußeren Einflüssen mitbestimmt. Es spielen die spezifischen Bedingungen des Spieltages wie z. B. Witterungs- und Platzverhältnisse eine Rolle; ebenso die Frage, ob das Spiel vor heimischem Publikum oder vor einer möglicherweise fanatischen Kulisse auf fremdem Platz stattfindet. Ebenso wichtig ist auch die Art des Spiels, d. h. ob es sich um ein Freundschafts-, Pokal- oder Punktspiel handelt, und auch die Bedeutung von Sieg und Niederlage spielen eine große Rolle.

Ganz entscheidend ist letztlich der individuelle und der kollektive Gegner, gegen den es gilt, Leistung zu zeigen. Seine jeweiligen Stärken und Schwächen beeinflussen die Spielleistung natürlich in besonderer Weise. Nicht umsonst gilt der Satz: »Jeder spielt so gut wie es der Gegner zuläßt!«

Die Bedeutung der Technik

Fußballtechnik kann in Anlehnung an die allgemeine Trainingslehre wie folgt definiert werden:

Fußballtechnik ist die Summe der motorischen Handlungen, durch deren Einsatz ein Spieler die taktischen Aufgaben, die das Fußballspiel an ihn stellt, erfolgreich lösen kann.

Unter der in der Übersicht auf Seite 13 aufgeführten leistungsbestimmenden Faktoren spielt die Technik mit den einzelnen technischen Fertigkeiten eine herausragende Rolle.

In anderen Sportarten (z. B. dem Kunstturnen) ist die Technik das Ziel der sportlichen Aktivitäten. Im Fußballsport ist die Technik nicht Selbstzweck, sondern sie ist ein Mittel, um selbst Tore zu erzielen und Tore des Gegners zu verhindern. Die technischen Fertigkeiten des Spielers sind nur insofern von Bedeutung, als sie zum Erfolg der Mannschaft mit beitragen. Spieler, die lediglich technische Kabinettstückchen zeigen, aber nicht fähig sind, ihr Geschick im Umgang mit dem Ball und dem eigenen Körper in taktisch erfolgreiche Spielhandlungen umzusetzen, können zwar die Zuschauer gelegentlich begeistern, ihr Nutzen für die eigene Mannschaft bleibt aber häufig gering.

Die Technik wird dann zu einer erfolgreichen Waffe im Kampf um den Sieg, wenn es der Spieler versteht, sie mit konditionellen Fähigkeiten so zu verknüpfen, daß daraus erfolgreiche taktische Handlungen entstehen. Dies setzt neben physischen Fähigkeiten auch wettkampfrelevante psychische Qualitäten voraus.

Das technische Vermögen eines Spielers und die anderen leistungsbestimmenden Faktoren – insbesondere die konditionellen Fähigkeiten und die Taktik – beeinflussen sich gegenseitig, sie stehen in einer permanenten Wechselwirkung zueinander.

TECHNIK UND KONDITION

Die allgemeine und spezielle Trainingslehre beschreibt folgende fünf konditionelle Fähigkeiten, die mit der Technik in bestimmten funktionellen Zusammenhängen stehen.

- Kraft
- Ausdauer
- Schnelligkeit
- Beweglichkeit
- Gewandtheit/Koordination

TECHNIK UND KRAFT

Kraft ist eine wesentliche Grundfähigkeit sportmotorischer Handlungen; ohne Kraft sind sportliche Leistungen – vor allem auch technisch hochwertige Leistungen – nicht vorstellbar. Im Fußball gibt es dafür eine Vielzahl von Beispielen. Kraftvolle Torschüsse, weite Einwürfe, der schnellkräftige Antritt beim Dribbling, der Sprung zum Ball beim Kopfstoß, das geschickte Abrollen beim Stürzen oder nach Hechtsprüngen des Torhüters – all das setzt eine gut entwickelte allgemeine und spezielle Kraftfähigkeit beim Spieler voraus.

Kraft ist eine wichtige Voraussetzung für eine gute Technik.

Umgekehrt hilft eine gut entwickelte Technik aber auch, die vorhandenen Kraftpotentiale ökonomisch einzusetzen; d.h. ein technisch perfekter Spieler benötigt weniger Kraft als ein technisch weniger talentierter oder weniger gut geschulter Spieler.

TECHNIK UND AUSDAUER

Was für die Kraft gesagt wurde, gilt in eingeschränktem Maße auch für die Ausdauerfähigkeit. Die verschiedenen Erscheinungsweisen der Ausdauer (Kurzzeit-, Mittelzeit- und Langzeitausdauer) spielen eine wesentliche Rolle dafür, ob der Spieler sein technisches Geschick über die Länge der Spielzeit auch voll zum Einsatz bringen kann. Selbst in relativ kurzen Phasen des Spiels – etwa wenn eine Mannschaft oder auch ein einzelner Spieler kurzfristig unter Druck gerät – kann die Technik leiden, wenn der Spieler Mängel im Ausdauerbereich hat.
Wenn die Fähigkeit zur Wiederherstellung der im Wettkampf verbrauchten Energien nur mangelhaft entwickelt ist, dann führt dies beim Spieler zu Verkrampfungen und zu schlecht koordinierten technomotorischen Bewegungsabläufen.
Umgekehrt ist es aber auch so, daß Spieler und Mannschaften, die ihrem Gegner technisch überlegen sind, durch eine technisch gepflegte Spielweise mit ihren Ausdauerreserven ökonomischer umgehen können. Diese können sie dann gegen Ende des Spiels spielbestimmend mit in die Waagschale werfen.

TECHNIK UND SCHNELLIGKEIT

Fußball ist nicht nur eine Spielsportart, sondern auch – und vor allem – eine Kampfsportart. Deshalb ist in der Regel immer der Spieler auch der erfolgreichere, der im Zweikampf Mann gegen Mann schneller reagiert, schneller zum Ball startet und der letztlich mit dem Ball schneller und sicherer umgehen kann.
Vor allem im modernen leistungsorientierten Fußballsport, in dem durch das

Schnelligkeit im Kampf um den Ball und mit dem Ball ist heute eine Grundvoraussetzung für den Erfolg.

hohe Laufpensum aller Spieler die Räume immer enger werden, müssen die Spieler lernen, gut koordinierte Bewegungen möglichst schnell auszuführen. Hier kann nur der Spieler erfolgreich bestehen, der unter hohem Raum-, Zeit- und Gegnerdruck in der Lage ist, mit und ohne Ball schnell zu agieren. Diese Schnelligkeit beginnt im Kopf der Spieler und endet im buchstäblichen Sinn des Wortes in seinen Fußspitzen.
Das Training ist deshalb so auszurichten, daß die Spieler frühzeitig lernen, alle technischen Handlungen möglichst schnell auszuüben. Dies ist ein permanenter Lernprozeß, der einen Spieler von der ersten Trainingseinheit bis zum Ausscheiden aus dem aktiven Sport begleiten wird.

TECHNIK UND BEWEGLICHKEIT

Die allgemeine und spezielle Gelenkbeweglichkeit spielt sowohl als allgemeine Rumpfbeweglichkeit wie auch als spezifische Beweglichkeit einzelner Gelenke eine bedeutende Rolle für die Fußballtechnik. Zahlreiche technische Elemente können nur dann auf hohem Niveau realisiert werden, wenn der Spieler über eine spezifische Gelenkbeweglichkeit verfügt.
Flache Spannstöße sind nur möglich, wenn der Spieler eine ausgeprägte Streckfähigkeit im Sprunggelenk hat. Der Hüftdrehstoß sowie das Spreiz- und Gleittackling setzen eine gute Beweglichkeit im Hüftgelenk voraus. Das Fintieren und das Reagieren auf Finten des Gegners ist nur möglich, wenn der Spieler im gesamten Rumpfbereich sehr beweglich ist. Und schließlich: Kopfstöße aus dem Sprung mit Drehung können nur dann scharf und präzise gespielt werden, wenn der Spieler eine gute Rumpfbeweglichkeit und eine ausgeprägte Beweglichkeit in der Halswirbelsäule hat. Diese Beispiele sollen jedoch genügen.
Zusammenfassend gilt: Viele der fehlerhaften oder qualitativ mangelhaften technischen Bewegungsabläufe sind auf eine ungenügende spezifische Beweg-

Für viele Techniken benötigt der Spieler eine spezielle Beweglichkeit.

lichkeit zurückzuführen. In diesen Fällen müssen Trainer und Spieler durch gymnastische Übungen, insbesondere durch Stretching, an der Verbesserung der Beweglichkeit arbeiten.

TECHNIK UND KOORDINATION

Koordination und Gewandtheit sind Begriffe, die häufig gleichsinnig gebraucht werden. Im Gegensatz zur sportartspezifischen Technik wird die Gewandtheit auch als die der Technik zugrundeliegende allgemeine Koordination bezeichnet.

Die Trainingslehre belegt anhand zahlreicher Untersuchungen, daß sich die spezifische technische Fertigkeit in einer Sportart um so besser entwickelt und auch einen um so höheren Ausprägungsgrad erreicht, je breiter die allgemeine Koordination angelegt ist.

Spieler, die über einen großen motorischen Erfahrungsschatz verfügen, entweder weil sie als Kinder und Jugendliche noch so richtig nach Herzenslust toben konnten oder weil sie auch in anderen Sportarten Bewegungserfahrungen gesammelt haben, lernen schneller und können ihre fußballspezifischen Fertigkeiten auch in stets wechselnden Wettkampfsituationen erfolgreicher anwenden.

Wegen der außerordentlich großen Bedeutung der Koordination bzw. der ihr zugrundeliegenden koordinativen Teilfähigkeiten (z. B. der Lern- und Umstellungsfähigkeit, der Orientierungs- und Gleichgewichtsfähigkeit) werden diese ab Seite 115 gesondert behandelt

TECHNIK UND PSYCHE

Die Technik bzw. die Fähigkeit, die erworbenen technischen Fertigkeiten im Spiel ein- und umzusetzen, wird vor allem auch durch die Psyche des Spielers mit bestimmt. Die psychische Verfassung eines Spielers am Spieltag entscheidet, ob der Spieler in der Lage ist, die erworbenen technischen Fertigkeiten im Spiel erfolgreich einzusetzen. Der Trainer kann die psychische Verfassung seiner Spieler durch geeignete Maßnahmen der Spielerführung positiv beeinflussen.

Es ist hier nicht der Raum, dieses Thema weiter zu vertiefen, einige Beispiele müssen dafür genügen:

- Zwischen der jeweiligen Motivationslage eines Spielers, seiner Leistungsbereitschaft und seiner Spielfreude besteht eine enge Wechselbeziehung. Ein Spieler, der nur wenig motiviert in einen Wettkampf geht, ist häufig nicht genügend konzentriert, um den schnell wechselnden Spielsituationen wirklich aufmerksam zu folgen. Er wird in seinen technomotorischen Aktionen weniger präzise, ja sogar schlampig sein und die nötige Zielstrebigkeit vermissen lassen.
- Auch der umgekehrte Fall ist denkbar. Wenn ein Spieler übermotiviert in den Wettkampf geht, wenn er sich selbst in übertriebener Weise unter Druck setzt oder von außen durch überzogene Erfolgserwartungen unter Druck gesetzt wird, dann treten bei ihm die typischen Erscheinungen von Streß auf. Dies hat sehr häufig zur Folge, daß der Spieler in seinen Aktionen verkrampft, daß seine allgemeine und spezielle Koordination nicht mehr rund, die Bewegungen nicht flüssig und locker genug sind.
  Diesem Spieler wird die technische Kreativität fehlen, die sich als Produkt von Spielfreude und Leistungsbereitschaft nur im streßfreien Zustand entwickeln kann. Er wird im Wettkampf dann zu oft nur einfache risikofreie Techniken wählen und in seinen technomotorischen Abläufen die notwendigen Überraschungsmomente vermissen lassen.

TECHNIK UND TAKTIK

Taktik wird unter anderem definiert als »der erfolgsorientierte Einsatz der verfügbaren technischen Fertigkeiten und der konditionellen Fähigkeiten zur Lösung von Spielsituationen«.

Bereits aus dieser Definition wird deutlich, daß jegliches taktische Handeln auf das engste gebunden ist an das verfügbare technische Fertigkeitsniveau der Spieler. Besonders bei individualtaktischen Handlungen wie dem Dribbeln und Fintieren sind die technischen Handlungen und die zugrundeliegenden taktischen Verhaltensmuster kaum voneinander zu trennen.

Auch für erfolgreiche Handlungen im gruppen- und mannschaftstaktischen Rahmen sowie für die Lösung von Standardsituationen (z. B. Freistöße, Eckstöße) sind gute technische Fertigkeiten unverzichtbar.

Je wichtiger taktische Handlungen für den Spielerfolg werden, um so mehr wird das Training von Technik und Taktik zu einer Einheit. Im oberen Leistungsbereich werden die technischen Fertigkeiten in Verbindung mit taktischen Handlungen trainiert, und beim Schulen taktischer Spielhandlungen wird der Trainer immer auch auf eine technisch saubere Ausführung achten müssen.

Wegen der herausragenden Bedeutung der einzelnen technischen Elemente für taktisch richtige und erfolgreiche Lösungen von Spielsituationen wird bei jedem Kapitel, das eine bestimmte »Technik mit Ball« behandelt, ein gesonderter Abschnitt zur taktisch richtigen Anwendung der jeweils beschriebenen Techniken angefügt.

TECHNIK UND TRAINING

Die Grundtechniken gehören zum elementaren »Hand«werkszeug des Fußballspielers. Ähnlich wie der Maler den Pinselstrich und der Geigenvirtuose den Geigenstrich immer wieder üben muß, so muß auch der Fußballspieler diese Grundtechniken immer wieder in spielerischer Weise üben, um sie zu perfektionieren. Das beginnt bei der Bildung eines noch grobkoordinierten Bewegungsmusters im schulpflichtigen Ater und endet nie; zumindest so lange nicht, wie ein Spieler Fußball als Wettkampfsport betreibt und dabei technisch möglichst perfekt sein möchte.

Perfekt wird ein Spieler im Rahmen seines Talentes dann, wenn er die Techniken im ständigen Wechsel zuerst ohne Wettkampfdruck in spielerischer Weise durch vielfaches Wiederholen einschleift und die so verbesserte Technik dann möglichst noch in der gleichen Trainingseinheit in Zweikampfübungen und schließlich in kleinen Spielformen bzw. in Trainings- und Wettkampfspielen zum Einsatz bringt.

Spielerisches Training vollzieht sich in einem ständigen Wechsel zwischen
- **Sammeln von ersten technischen Erfahrungen in einfachen Spielformen,**
- **Einschleifen und Automatisieren der Grundmuster in einfachen Übungsformen,**
- **Erproben der Techniken in Zweikampfformen,**
- **taktisch orientierter Anwendung und Variation in komplexen Trainings- und Wettkampfspielen.**

Nach unserer Auffassung, die auf langjähriger Erfahrung mit jungen Spielern beruht und sich auch an der Entwicklung und dem Training von Weltklassespielern wie Beckenbauer, Pele, Cruyff, Maradona, Ronaldo u. a. orientiert, kann auf keine dieser Phasen des Lernprozesses verzichtet werden, wenn eine weitestgehende technische Perfektion angestrebt wird.

Dabei müssen sich spielerisches Üben, Erproben im Zweikampf und die Anwendung im Spiel in einer Art konzentrischem Vorgehen ständig abwechseln und wiederholen.

Das gilt sowohl für das Grundlagentraining von Kindern wie für das Aufbautraining von Jugendlichen. Und selbst die Profis, die zwar überwiegend wettkampfnah trainieren, schleifen einzelne technische Elemente immer wieder einmal in isolierter Übungsformen ein, um individuelle Stärken herauszubilden oder leistungshemmende Schwächen auszumerzen.

In ihrem Trainingsprogramm finden sich dann stets aufs neue Torschüsse aus dem vollen Lauf (ohne und mit Zuspiel), das Verwandeln von Flankenbällen und das Schlagen von präzisen Eck-, Frei- und Strafstößen ohne und mit Effet.

Die von den Profis im Spiel gezeigte Lockerheit und Kreativität ist neben einer enormen Spielfreude vor allem das Ergebnis von vielen Wiederholungen der technischen Bewegungsmuster im Verlauf von vielen Trainingseinheiten.

Dem Fußballspieler ergeht es dabei nicht anders als dem Künstler am Piano oder einem anderen Instrument: »Erst das freudvolle, spielerische und abwechslungsreiche Üben macht den Meister!«

Selbst das Ausdauertraining wird heute überwiegend mit Ball und damit als Techniktraining durchgeführt.

Dribbling und Tackling – zwei Techniken der Feldspieler mit und ohne Ball.

Die Grundtechniken

TECHNISCHE ELEMENTE

Im Laufe eines Spiels hat ein Spieler zahlreiche regelbedingte oder von der Taktik vorgegebene Aufgaben zu erfüllen. Aufgaben, die er zum Teil mit dem Ball, aber auch ohne Ball lösen muß.

Im Mannschaftssport Fußball haben die Spieler auf den verschiedenen Spielpositionen unterschiedliche Aufgaben. Sie werden von den Feldspielern und dem Torwart mit unterschiedlichen technischen Mitteln gelöst.

Dementsprechend ist die Fußballtechnik zu unterscheiden in:

- **Techniken der Feldspieler**
  und
- **Techniken des Torwarts**

Allerdings: Durch die seit 1996 gültige neue Rückpaßregel – die für die Fußballweltmeisterschaft 1998 nochmals verschärft wurde – muß der Torwart zunehmend mehr auch die Techniken der Feldspieler beherrschen. Immer häufiger muß der Torwart heute Rückpässe unter Bedrängung durch Gegenspieler unter Kontrolle bringen und sicher zu einem Feldspieler weiterspielen. Hat er dabei technische Defizite, dann kann er sehr schnell zu einem Risikofaktor im Spiel seiner Mannschaft werden. Aus diesem Grunde sollte der Torwart heute noch mehr als früher auch im Techniktraining der Feldspieler mitwirken. Das Torwarttraining, in dem eine torwartspezifische Koordinations- und Technikschulung betrieben wird, findet vor oder nach dem Training der Feldspieler statt.

TECHNIKEN DER FELDSPIELER

Aus taktischer Sicht sind beim Feldspieler zwei grundsätzlich unterschiedliche Situationen zu unterscheiden:

Situation A: Der Spieler selbst und seine Mannschaft ist nicht in Ballbesitz. In diesem Fall wird er durch »Techniken ohne Ball« versuchen, sich selbst oder einen seiner Mitspieler in Ballbesitz zu bringen.

Situation B: Der Spieler ist selbst in Ballbesitz. In diesem Fall wird er durch Einsatz von geeigneten »Techniken mit Ball« versuchen, entweder sich selbst in eine möglichst günstige taktische Position zu bringen (idealerweise schießt er dabei selbst auf das Tor des Gegners) oder er versucht, durch ein taktisch geschicktes Zuspiel einen besser postierten Mitspieler anzuspielen.

Dementsprechend ist die Technik der Feldspieler grundsätzlich zu unterscheiden in:

- **Techniken ohne Ball** **(siehe S. 29)**
- **Techniken mit Ball** **(siehe S. 41)**

Den Ball erkämpfen

Bevor ein Feldspieler selbst in Ballbesitz kommen kann, muß er sich durch Freilaufen in eine Position bringen, in der er von einem Mitspieler angespielt werden kann, oder er muß sich den Ball in einem Laufduell erkämpfen, bevor ihn sich ein Gegenspieler erlaufen kann. Während das Freilaufen häufig noch in relativ langsamem Tempo möglich ist, können

Ohne Fleiß kein Preis – ohne Sprint kein Ball.

Laufduelle nur im Sprinttempo gewonnen werden.

Die Strecken, die dabei von Spitzenspielern heute zurückgelegt werden, haben sich (vergleicht man Spielanalysen von 1960 und 1990) in den letzten Jahrzehnten um über 280% erhöht. Die Anforderungen an die Lauftechnik und die zugrundeliegenden konditionellen Fähigkeiten der Spieler sind in diesem Zeitraum entsprechend gestiegen. Mit der verbesserten Ausdauerfähigkeit der Spieler ist das Spiel im Laufe der Jahre zunehmend dynamischer geworden.

Die verschiedenen Formen des Gehens, Trabens und Sprintens bezeichnet man auch als »zyklische Techniken«.

Eine andere grundsätzliche Möglichkeit, um selbst in Ballbesitz zu kommen, hat ein Spieler, wenn er sich im Zweikampf um den Ball gegen einen Gegenspieler erfolgreich durchsetzt. Dabei kommen in Verbindung mit Lauftechniken meist Zweikampf- und Abwehrtechniken zum Einsatz, die man auch als azyklisch bezeichnen kann, weil sie in der jeweiligen Situation einmalig sind und ohne zyklische Wiederholung ablaufen.

Dementsprechend unterscheiden wir bei der Technik der Feldspieler ohne Ball weiterhin in:

- **zyklische Techniken ohne Ball (siehe S. 29)**
- **azyklische Techniken ohne Ball (siehe S. 33)**

Entsprechend der Steigerung der Laufstrecken hat sich auch die Zahl der Zweikämpfe in den letzten Jahren deutlich erhöht. So werden in Spitzenspielen der Bundesliga heute pro Spiel etwa 230 Zweikämpfe registriert, und bei der Fußballweltmeisterschaft 1994 in den USA wurden von Roland Loy im Durchschnitt aller 52 Spiele 205 Zweikämpfe pro Spiel ermittelt.

Sowohl für die zyklischen wie für die azyklischen Techniken ohne Ball sind neben den konditionellen Fähigkeiten die sogenannten koordinativen Fähigkeiten von zunehmend größer werdender Bedeutung. Dabei handelt es sich um eine Vielzahl von Teilfähigkeiten wie Umstellungsfähigkeit, Anpassungsfähigkeit, Orientierungs-, Lage- und Raumgefühl, die in ihrer Gesamtheit mit beitragen zur Verbesserung der allgemeinen und speziellen Koordination. Wegen der zunehmenden Bedeutung der Koordinationsfähigkeit für die technische Perfektion der Spieler wird deren Training in einem gesonderten Kapitel (siehe S. 115) behandelt.

Den Ball erfolgreich spielen

Die Techniken ohne Ball sind zwar die Basis für den Erfolg im Fußball, die Techniken mit Ball aber geben dem Fußballsport seinen ureigenen Charakter und sichern ihm gegenüber anderen Sportarten seine Eigenständigkeit – ja Einzigartigkeit.

Nur im Fußballsport dürfen die Feldspieler den Ball nicht mit der Hand spielen – den Einwurf ausgenommen. Insofern unterscheidet sich Fußball auch von verwandten Sportspielen wie Rugby, American Football oder Australian Rules Football.

Die Fußballspieler waren damals, als sie sich in England im Jahre 1872 von der Rugby-Liga getrennt hatten, unter anderem besonders darauf stolz, daß sie den Ball technisch geschickter als »die anderen« mit dem Fuß spielen konnten. Diese Geschicklichkeit und Kunstfertigkeit der Spieler in der Ballbehandlung mit dem Fuß zeichnet das Spiel auch heute noch aus und sichert ihm weltweit eine stetig zunehmende Fangemeinde und seine hohe Attraktivität bei Spielern und Zuschauern (siehe S. 11).

Die Spielsituationen, in denen die Feldspieler mit dem Ball erfolgreich agieren müssen, sind immer wieder neu und nicht berechenbar. Sie erfordern vom Spieler ein großes Geschick im Umgang mit dem Ball und eine große Variabilität in der Ballbehandlung. Die Vielzahl unterschiedlichster Techniken läßt sich dennoch auf eine relativ geringe, überschaubare Anzahl von Grundtechniken reduzieren, denn der Grundgedanke des Spiels ist sehr einfach:

»Der Angriff der gegnerischen Mannschaft ist abzufangen, der Ball ist so in Richtung gegnerisches Tor zu spielen, daß die eigene Mannschaft eine Torschußgelegenheit erhält, und der Angriff ist möglichst mit einem erfolgreichen Torschuß abzuschließen«.

Diesem Grundgedanken des Spiels folgend, muß ein Spieler – wenn er erfolgreich sein will – den Ball zuerst im Zweikampf durch ein Tackling erkämpfen oder einen zugespielten Paß unter Kontrolle bringen. Er wird ihn dann entweder in Richtung zum gegnerischen Tor führen oder treiben; eventuell muß er sich dabei auch mit einem Dribbling und mit Täuschungen gegen eine gegnerische Attacke durchsetzen. In den meisten Fällen wird er den Ball dann auf einen Mitspieler in den Angriff passen oder flanken. Die Krönung eines derartigen Angriffs ist dann ein erfolgreicher Torschuß.

Entsprechend diesem Beispiel für die Aktionen mit Ball lassen sich die Grundtechniken mit Ball wie folgt einteilen:

- **Finten und Täuschungen (siehe ab S. 43)**
- **Ballannahme und Ballmitnahme (siehe ab S. 55)**
- **Ballführen, Balltreiben, Dribbeln (siehe ab S. 65)**
- **Tackling zur Ballabnahme (siehe ab S. 73)**
- **Paß- und Schußtechniken (siehe ab S. 81)**

Jede Gruppe dieser Techniken enthält zahlreiche Einzeltechniken, die auf den oben genannten Seiten in Wort und Bild beschrieben werden.

Wort und Bild stellen in diesem Buch ebenso eine Einheit dar, wie sie im Training vom Trainer bei der Demonstration und der Korrektur als Einheit benutzt werden sollten. Vor allem die jungen Spieler, die noch kaum konkrete Bewegungsvorstellungen haben, benötigen ein Vor»bild« für das richtige technisch-taktische Verhalten. Dieses Vorbild wird idealerweise von einem Mitspieler oder auch vom Trainer selbst geliefert. Die Reihenbilder, die im weiteren Verlauf des Buches gezeigt werden, können den realen spielnahen Bewegungsablauf zwar nur bedingt wiedergeben. Vor allem die Dynamik und die situationstypische Anwendung und Abwandlung der Basistechniken »kommt dabei zu wenig rüber«. Dennoch sind Reihenbilder eine Hilfe bei der Bildung der für den Lernprozeß so wichtigen ersten Bewegungsvorstellung. Vor allem die »Schlüsselstellen« eines Bewegungsablaufes können mit Hilfe der Reihenbilder aus diesem Buch deutlich gemacht werden.

VARIATIONEN DER GRUNDTECHNIKEN – MARKENZEICHEN DER GROSSEN STARS

Weit mehr als 99% aller Fußballspieler müssen damit zufrieden sein, wenn sie die Grundtechniken im Wettkampf jeweils situationsgerecht und möglichst fehlerfrei anwenden können. Wenn sie es im heißen Wettkampfgetümmel noch

Spielfreude und Kreativität im Umgang mit dem Ball – hierbeim Hochziehen des Balles mit der Ferse.

schaffen, die einzelnen Grundtechniken möglichst flüssig miteinander zu verbinden, z. B. eine An- und Mitnahme des Balles fließend mit einem anschließenden Dribbling oder Torschuß zu koppeln, dann haben sie bereits den Gipfel der technischen Perfektion erreicht, die ihrem Talent entspricht.

Die »Künstler unter den Fußballspielern« verstehen es allerdings, diese Grundtechniken im oft blitzschnell wechselnden Spielgeschehen kreativ abzuwandeln, zu verändern. Sie zaubern technische Kabinettstückchen aus dem Knie- und dem Fußgelenk, an denen der Gegner verzweifelt und über die die Zuschauer jubeln. Mit ihrem spontanen, technischen Einfallsreichtum drücken sie dem Spiel ihren Stempel auf. Sie entwickeln das Spiel weiter und steigern die Popularität des Fußballspiels sicher auch in der Zukunft noch weiter.

Auf den folgenden Seiten geben wir Hinweise zu einfachen und raffinierten technischen Elementen und dabei auch Anregungen dafür, wie diese in spielerischer Weise erlernt und trainiert werden können.

TECHNIKEN DES TORWARTS

Der Torwart hat im Spiel zwar auch Aufgaben und Situationen von Feldspielern zu lösen. So sollte er nach einer Ballereroberung als erster Angreifer seiner Mannschaft durch ein schnelles und genaues Zuspiel auf seine Mitspieler Angriffe einleiten. Und mit den jüngsten Regeländerungen, durch welche die Benutzung der Hand beim Spielen des Balles für den Torwart eingeschränkt wurde, muß er zusätzlich die Techniken der Feldspieler beherrschen, wenn er nicht zum Risikofaktor seiner Mannschaft werden soll.

Dennoch: Der Torwart hat in jeder Fußballmannschaft eine markante und durch das Regelwerk immer wieder betonte, herausgehobene Stellung. Denn: Das Regelwerk gestattet dem Torwart seit dem Jahr 1872 in seinem Strafraum die Benutzung der Hände und Arme (Regel 12, Absatz 1), damit er das Tor seiner Mannschaft verstärkt absichern kann. Seither haben die Torhüter spezielle Techniken entwickelt, um ihr Tor »rein« zu halten.

Der Kampf um den Ball am Boden und in der Luft erfordert auch spezifische Techniken ohne Ball.

Die Techniken der Feldspieler ohne Ball

Spielanalysen von Waldemar Winkler haben gezeigt, daß Spitzenspieler pro Spiel zwischen 12 und 14 km laufen. Der Spieler bewegt sich dabei nicht nur geradlinig und zyklisch, sondern in fußballspezifischer Art und Weise; d. h., er muß schnell antreten, abstoppen, erneut starten, sich drehen, wenden, Haken schlagen, usw.

Spielanalysen belegen, daß jeder Spieler im Durchschnitt nicht mehr als 2 Minuten im Ballbesitz ist, Spitzenwerte liegen bei wenig mehr als 3 Minuten. Während der verbleibenden Spielzeit bewegen sich die Spieler, ohne selbst den Ball zu spielen.

Die Techniken ohne Ball sind zwar nicht gleichermaßen typisch für den Fußballsport wie die Techniken mit Ball, dennoch sind sie für den Erfolg im Fußball auch sehr wichtig.

Wie auf Seite 24 schon dargelegt wurde, kann zwischen zyklischen und nicht zyklischen (azyklischen) Techniken ohne Ball unterschieden werden.

ZYKLISCHE TECHNIKEN OHNE BALL

Zyklisch nennt man technomotorische Bewegungsabläufe dann, wenn sie sich in ihrem Grundmuster mehrfach wiederholen, ohne daß andere Techniken sie unterbrechen; dabei fließen die einzelnen Teilbewegungen (Phasen) nahtlos und wohlkoordiniert ineinander. Die verschiedenen Techniken des Radfahrens und der Schwimmarten sind dafür typische Beispiele. Auch im Fußballsport gibt es zyklische Bewegungsabläufe.

TEMPO UND LAUFSTRECKEN

Wie zahlreiche quantitative Spielanalysen belegen, bewegen sich die Spieler auf dem Weg zum Ball oder zum Gegner mit unterschiedlichem Tempo. Sie bewegen sich dabei im Gehen, im Traben oder im Sprint über den Platz. Die Strecken, die dabei in zyklischer Weise, d. h. ohne Unterbrechung durch azyklische Aktionen mit oder ohne Ball zurückgelegt werden, liegen zwischen 5 und 30 Metern. Ganz selten wird einmal ein Sprint über eine längere Strecke ohne Unterbrechung durchgezogen. Im Gegensatz zu leichtathletischen Disziplinen wird dabei die Bewegungsrichtung häufig gewechselt. Die Spieler laufen vorwärts, seitwärts und rückwärts.

Mehr als 50% seines Laufweges legt der Spieler im Gehen (Geschwindigkeit bis ca. 7 km/h) zurück, etwa 33% im Traben (7–15 km/h), 10% im schnellen Lauf (15–20 km/h) und nur etwa 3–4% im Sprinttempo (20–30 km/h). Diese Sprintleistungen entscheiden im Zusammenhang mit Zweikämpfen häufig über Erfolg und Mißerfolg im Spiel.

Das Schuhwerk mit seinen speziellen Laufsohlen ist wichtig für Starts und Stops, für Richtungsänderungen und für dynamische Sprünge zum Ball.

Stollenschuhe
für Rasenboden.

VERSCHIEDENE ARTEN VON FUSSBALLSCHUHEN

Nockenschuhe
für Hartplätze
und Kunstrasen.

SPEZIELLE TIPS ZUM TRAINING

Zwei Aspekte sind zu beachten:

1. Im reinen Lauftraining sollten Strecken, die vor allem im Sprinttraining gelaufen werden, keinesfalls zu lange sein, sondern sich an den auf Seite 29 genannten Werten orientieren.
2. Schwungvolle Läufe sollten sowohl seitwärts als auch rückwärts ausgeführt werden.

Technisch besonders anspruchsvoll wird das Lauftraining des Fußballspielers dann, wenn auf Kommando in die schwungvollen Läufe und Sprints hinein in reaktiver Weise blitzschnelle, azyklische Aktionen ohne Ball wie Drehungen, Stopps, Sprünge usw. eingestreut werden. Die nachfolgend beschriebenen Lauftechniken werden außer im reinen Lauftraining automatisch auch in allen Trainings- und Wettspielen verbessert. Deshalb sollte insbesondere im Kinder- und Jugendtraining das reine Lauftraining ohne Ball die absolute Ausnahme bleiben. Dafür ist die ohnehin zu geringe Trainingszeit viel zu wertvoll.

Zyklische Techniken

Gehen	{ }	vorwärts
Traben		seitwärts
Sprinten		rückwärts

LAUFTECHNIK

Die Lauftechnik selbst unterscheidet sich nicht unerheblich von der Technik der Leichtathleten beim Sprinten.

- Die Belastung des Fußes liegt etwas mehr auf der ganzen Sohle; dadurch können Richtungswechsel besser ausgeführt werden.
- Der Körperschwerpunkt ist etwas abgesenkt, um blitzschnell starten zu können.
- Die Schrittlänge ist etwas kürzer, um jederzeit in alle Richtungen hin reagieren zu können.
- Die Beine werden beim Antritt oft nicht vollständig gestreckt, um möglichst schnell eine hohe Schrittfrequenz zu erreichen und den Schwerpunkt bodennah zu belassen.
- Die Arme sind zum Schutz vor dem Gegner etwas nach außen abgewinkelt.

Gegenüber der leichtathletischen Lauftechnik ist die vorstehend beschriebene Technik – bezogen auf absolute Laufleistungen – sicher weniger ökonomisch und rationell. Die Anforderungen des Spiels erfordern vom Spieler aber diese Variationen der Lauftechnik.
Allerdings übertreiben viele Spieler die fußballspezifische Ausprägung des Laufens. Ihr Körperschwerpunkt hängt zu tief, die Streckbewegung der Beine ist nicht optimal ausgeprägt. Daraus resultiert häufig, daß sich die sogenannte Hüftstreckmuskulatur im Laufe der Zeit stark verkürzt und verletzungsanfällig wird. Auch die Arme schwingen zu wenig kräftig vorwärts, usw.
Spieler wie Ronaldo, aber auch Scholl, Möller und Wörns dagegen verfügen neben einer guten Schnellkraft auch über eine vergleichsweise gute Lauftechnik. Sie gehören mit zu den schnellsten deutschen Spielern und belegen damit eindrucksvoll, daß die richtige Lauftechnik auch für Fußballspieler sehr wichtig ist (siehe Abb. S. 33).
Die Wahl eines den herrschenden Witterungs- und Bodenverhältnissen angepaßten Schuhwerkes unterstützt die fußballspezifische Lauftechnik ganz wesentlich. Auf einem tiefen morastigen Boden oder auf Schneeboden benötigt

der Spieler Stollenschuhe, auf hartem oder sogar eisigem Boden dagegen sind Nockenschuhe angesagt. Auf Kunstrasen oder Hartplätzen dagegen unterstützen Spezialschuhe eine gute Lauftechnik.

AZYKLISCHE TECHNIKEN OHNE BALL

Die ständig wechselnden Spielsituationen, in denen der Spieler auf die Bewegungen des Balles und des Gegners reagieren muß oder in denen er selbst fintierende Aktionen startet, erfordern vom Spieler vor allem auch eine Vielzahl azyklischer Bewegungsmuster.

Grundsätzlich sind folgende Gruppen von azyklischen Techniken ohne Ball zu unterscheiden:

- Aktionen aus dem Lauf
- Sprünge zum Ball
- Grätschen und Gleiten
- Rempeltechniken

In der Praxis kommen sie allerdings häufig in kombinierter Form vor. Abstoppen und wieder Antreten in Verbindung mit Haken schlagen, Stürzen, Abrollen, wieder Aufspringen, sich drehen und erneut Antreten, das sind typische Bewegungsabläufe für den Fußballsport.

Die richtige Lauftechnik verschafft dem Spieler oft den nötigen Vorsprung zum Gegner.

AKTIONEN AUS DEM LAUF

Wie bereits bei den zyklischen Techniken angedeutet, werden die verschiedenen Geh-, Trab- und Sprintphasen immer wieder von Aktionen ohne Ball unterbrochen, die für den Fußballsport typisch sind. In anderen Mannschaftsspielen sehen diese Aktionen zwar ähnlich aus, sie unterscheiden sich letztlich aber doch sowohl in ihrem räumlichen Ablauf wie in der Dynamik der Bewegungsausführung.

In allen Fällen kommt es auf eine gute Koordination zwischen den Bewegungen des Rumpfes und der Beine an. Vor

Kopfstoß: Erst das Zusammenspiel von Timing, Sprungkraft und guter Koordination macht den Sprung zum Ball erfolgreich.

> **Aktionen aus dem Lauf**
>
> Starten
> Abstoppen
> Haken schlagen
> Drehen
> Stürzen
> Abrollen
> Aufspringen
> Schrittwechsel

allem die oft stakatoartige Schrittbewegung der Beine kann vom Spieler nur in den seltensten Fällen bewußt kontrolliert werden. Die Schrittfolgen werden intuitiv an die Spielsituation angepaßt. Sehr häufig kommt es dabei zum Überkreuzen der Beine vorwärts und rückwärts, zu Drehbewegungen in Sprung-, Knie- und Hüftgelenken – kurz zu Bewegungen, die vorweg nicht geplant werden können.

Viele dieser fußballspezifischen Bewegungen ohne Ball sind reaktiv und abrupt. Ungeübte Spieler haben oft große Probleme, diese Bewegungstechniken mit der für das Spiel nötigen Geschwindigkeit auszuführen. Aus diesem Grund sollten diese Techniken ebenso wie die Technik mit Ball immer wieder in das Trainingsprogramm aufgenommen werden. Dafür eignet sich vor allem in hervorragender Weise das Aufwärmprogramm und das ab Seite 115 näher beschriebene Koordinationstraining.

SPRUNG ZUM BALL

Grundsätzlich ist dabei zwischen nachfolgenden Grundsituationen und den entsprechenden Techniken zu unterscheiden.

Kopfballstarke Spieler sind im modernen Fußball mehr denn je gefragt und gefordert. Bei der Verdichtung des Spielraumes durch zunehmend laufstarke Spieler versuchen die Mannschaften im Angriff immer häufiger, mit hoch vor das Tor geschlagenen Bällen zum Erfolg zu kommen. Diese Bälle können nur durch sprungstarke Angreifer erfolgreich verwandelt und durch ebenso sprunggewaltige Abwehrspieler aus der Gefahrenzone geköpft werden. Schon vor Jahren haben Spieler wie der Niederländer Ruud Gullit dabei neue Maßstäbe gesetzt. Seine Sprünge zum Ball haben sich nicht nur durch eine große Sprungkraft, sondern durch wohl koordinierte Bewegungsabläufe ausgezeichnet.

Sprung zum Ball

- aus dem Stand
- mit geradem Anlauf
- aus dem Lauf mit Drehung

Die eigentliche Kopfstoßtechnik, also der Kick mit dem Kopf gegen den Ball, ist nur noch das I-Tüpfelchen. Ihm voraus geht der Sprung zum Ball, der zeitlich richtig getimt sein muß und insgesamt vom Bewegungsablauf her relativ schwierig ist.

Sprung zum Ball aus dem Stand

Der Sprung zum Ball aus dem Stand erfolgt beidbeinig. Die beiden Arme werden schwunghaft bis etwa in Schulterhöhe mit nach oben gerissen, um zusätzliche Höhe zu gewinnen. Wichtig bei dieser Technik ist die gut ausgeprägte Bogenspannung im gesamten Rumpf; dazu müssen sofort mit dem Absprung die beiden Sprungbeine und der Oberkörper nach hinten geführt werden. Nur aus dieser Position heraus kann anschließend durch eine kräftige Schnepperbewegung des Rumpfes der Ball gut beschleunigt werden.

Sprung zum Ball aus dem Anlauf

Im Gegensatz zum Sprung aus dem Stand sollte bei dieser Technik von einem Bein abgesprungen werden. Dadurch kann das andere Bein als zusätzliche Schwungmasse vorwärts mit hochgerissen werden und so dem Körperschwerpunkt einen weiteren Auftrieb verleihen. Die beiden Arme werden wie beim Sprung aus dem Stand ebenfalls schwunghaft nach oben geführt und etwa in Schulterhöhe blockiert. In dieser Position schützen sie – leicht abgewinkelt – den Spieler auch vor zu harten Attacken gegnerischer Spieler.

Sprung aus dem Lauf mit Drehung

Grundsätzlich ist der Absprung aus dem Lauf mit einer Drehung um die Längsachse des Körpers technisch ähnlich wie der Sprung aus dem geraden Anlauf. Wichtig dabei ist allerdings, daß der Absprung mit dem linken Bein erfolgt, wenn der Ball von links ankommt bzw. nach links geköpft werden soll und umgekehrt. Beim Sprung nach links kann das rechte Bein als Schwungmasse die Drehung um die Körperlängsachse noch beschleunigen und verstärken. Im umgekehrten Fall würde das vorwärts hochgerissene Schwungbein die Drehung um die Körperlängsachse in Richtung zum Ball blockieren.

Beim Sprung zum Ball aus dem Anlauf mit Drehung können alle technischen Elemente gut verwirklicht werden. Sieger bleibt der, der zuerst und am höchsten springt.

Anmerkung:
Im Gegensatz zu der gelegentlich erhobenen Forderung, es solle nach Möglichkeit immer von zwei Beinen abgesprungen werden, empfehle ich den einbeinigen Absprung. Der Spieler kann dabei variabler aus dem Lauf heraus abspringen, d. h. er kann schneller reagieren, weil er das rechte oder das linke Bein ohne Reaktionsverlust zum Absprung nutzen kann. Außerdem kann er das Lauftempo voll in den Sprung mit hinüber nehmen. Dadurch wird der Kopfstoß auch ohne ausgeprägte Schnepperbewegung schärfer und präziser. Im übrigen: Wenn der beidbeinige Absprung tatsächlich zu einer größeren Sprunghöhe führen würde, dann würden die leichtathletischen Hochspringer mit Sicherheit zu dieser Technik greifen.

Eine weite Grätsch-/Spreizbewegung soll den Spieler in die Nähe des Balles bringen; dort erst wird er dann seine Balltechnik einsetzen können.

GRÄTSCHEN UND GLEITEN

In früheren Jahren war das Grätschen und Gleiten bei technisch versierten Spielern absolut verpönt. Vor allem die Stürmer haben nur in den seltensten Fällen zu diesen technischen Mitteln gegriffen. Besonders kampfstarke Mannschaften – so traditionell auch die deutschen Nationalmannschaften – haben sich allerdings seit jeher dieser Mittel bedient, die vor allem gegen gute Techniken sehr wirkungsvoll sind.
Heute hat sich die Einstellung zu diesen Techniken grundlegend geändert.

Das Grätschen zum Ball

Das Grätschen war früher ausschließlich eine Technik für die Abwehrspezialisten. Im modernen Fußballsport, in dem die Taktik des Pressing und Forechecking die vorderste Sturmspitze zum ersten Abwehrspieler umfunktioniert, gehört das Grätschen zur Standardtechnik für jeden einzelnen Spieler, gleichgültig, auf welcher Position er spielt.
Trotz dieser Forderung beherrschen nur wenige Spieler, insbesondere im Jugend- und Amateurbereich, das Grätschen mit

beiden Beinen mit der richtigen Technik. Die Abbildung auf Seite 36 und unten zeigt eine vorbildliche Grätsch-/Spreizbewegung.

Vor dem eigentlichen Grätschen mit dem rechten bzw. linken Bein muß der Körperschwerpunkt durch verstärktes Beugen des jeweils anderen Beines (Standbein) möglichst weit abgesenkt werden. Der Schwerpunkt wird bereits in Richtung zum grätschenden Bein hin bewegt, so daß vom Standbein eine kräftige Sprungbewegung in Richtung zum Ball ausgeführt werden kann.

Im Verlauf der Bewegung wird der Oberkörper nach hinten gekippt und von den Armen stützend abgefangen.

Das Gleiten zum Ball

Das Tackling mit vorausgehendem Angleiten, in Englisch Sliding tackling genannt, gehört sicherlich mit zur bekanntesten und umstrittensten Abwehrtechnik. Bekannt deshalb, weil die Technik sehr spektakulär ist. Umstritten, weil der abwehrende Spieler bei dieser Technik ein hohes Risiko eingeht. Wenn die Sprungbewegung nicht weit genug ist, dann enteilt ihm der ballführende Spieler auf Nimmerwiedersehen. Andererseits kann er mit dieser Technik einen Spieler, der sonst gefährlich und unbehindert auf das Tor zulaufen könnte, noch im letzten Moment und damit oft spielentscheidend vom Ball trennen.

Die grundsätzliche Technik unterscheidet sich nicht wesentlich von der Grätschbewegung. Wie dort senkt der Spieler den Körperschwerpunkt auf dem Standbein so weit als möglich ab und springt im Ansatz schnellkräftig in Richtung zum Ball. Im Gegensatz zur typischen Grätschbewegung, bei der sich Angreifer und Abwehrspieler frontal gegenüberstehen, erfolgt das Sliding tackling in der Regel von schräg hinten in Richtung zum enteilenden Angreifer.

Das sprungartige Angleiten wird hier von beiden Spielern in vorbildlicher Weise praktiziert.

Während das Grätschen in Gegenüberstellung häufig aus dem Stand oder einer langsamen Laufbewegung erfolgt, wird das Angleiten beim Sliding tackling meist aus dem vollen Lauf heraus ausgeführt.
Allein schon aus dieser Tatsache wird deutlich, daß das Angleiten auf glattem, guten Rasenboden sehr viel einfacher zu bewerkstelligen sein wird als bei ungünstigen Bodenverhältnissen. Aber selbst bei guten Bedingungen kann die Wucht des Anlaufes und der Körpermasse nicht immer gefahrlos abgefangen werden. Vor allem auf Asche- oder Kunstrasenböden kann es zu bösen Verbrennungen am Oberschenkel kommen. Um dies zu vermeiden, sollte unmittelbar nach dem Angleiten der Körper über die Längsachse abrollen. Das ist nur dann gefahrlos möglich, wenn die Gleitbewegung mit dem vom Gegner entfernteren Bein durchgeführt wird und wenn mit diesem Bein dann auch der Ball gespielt wird. Auf diese Art und Weise kann die Rollbewegung nach außen und weg von den gefährlichen Fußabsätzen des ballführenden Spielers erfolgen. Mit dieser Technik ist auch die Gefahr des Foulspiels weniger groß, als wenn mit dem näheren Bein – das logischerweise auch näher dem Standbein des Gegenspielers liegt – die Gleitbewegung ausgeführt wird.

Rempeln

Die Rempeltechnik wird nicht zuletzt durch das Regelwerk mit festgelegt. Die Regeln besagen, daß das Rempeln nur dann korrekt ist, wenn Schulter an Schulter gerempelt wird. Das Rempeln mit abgespreiztem Ellenbogen oder das Rempeln mit der Schulter in den Rücken des Gegenspielers ist grundsätzlich nicht gestattet.
Aus dieser Darlegung wird deutlich, daß das korrekte Rempeln nur dann möglich ist, wenn sich die beiden Kontrahenten nebeneinander befinden.
Die Regel besagt ferner, daß nur dann gerempelt werden darf, wenn der Ball in Spielnähe ist und im nächsten Moment von einem der beiden Spieler gespielt werden soll.
Außerdem darf das Rempeln nicht auf gefährliche Weise erfolgen; d. h., die

Rempeltackling: Auch das richtige Rempeln will gelernt sein. Die Technik wird unter anderem vom Regelwerk bestimmt.

Die Sturmspitzen werden heute oft von zwei Gegnern gleichzeitig getackelt.

Wucht des Körpereinsatzes muß begrenzt bleiben, ein Körpercheck, ähnlich dem beim Eishockey, ist im Fußball grundsätzlich nicht gestattet. Das besagt aber nicht, daß durch ein korrektes Rempeln der Gegner nicht zu Fall gebracht werden darf.

Wenn dieser unvorbereitet ist oder im Moment auf dem entfernteren Bein steht und damit ungünstig positioniert ist, dann kann auch korrektes Rempeln zu spektakulären Stürzen führen – vor allem dann, wenn in vollem Lauf gerempelt wird.

Konzentration, Kraft und Ballsicherheit fusionieren zur perfekten Technik mit Ball. Hier der brasilianische Ballkünstler Giovane Elber.

Die Techniken der Feldspieler mit Ball

BALLTECHNIK UND REGELWERK

Die Art und Weise, wie die Spieler den Ball behandeln und wie sie mit ihrem technischen Repertoire die Aufgaben lösen, die das Spiel an sie stellt, wird nicht zuletzt vom Regelwerk mitbestimmt. Zwei der insgesamt 17 Fußballregeln beziehen sich direkt entweder auf den Ball als Spielgerät (Regel 2 – »Der Ball«) oder auf die Art und Weise, wie dieser vom Spieler gespielt werden darf. Letzteres ist im Zusammenhang mit der Technik wichtiger.

Die Regel 12 legt unter anderem fest:

»Mit Ausnahme des Torwarts in seinem Strafraum und der Feldspieler beim Einwurf ist es den Spielern verboten, den Ball mit der Hand zu spielen«.

In den amtlichen Erläuterungen der FIFA und des DFB zum Regelwerk wird festgelegt, daß die Hand sowohl den Unterarm als auch die Ellenbogen und den Oberarm bis knapp zur Schulter umfaßt.

Ausgehend von der Bestimmung der Regel 12 kann festgehalten werden, daß der Ball durch die Feldspieler mit allen Körperteilen – ausgenommen der Hand und dem Arm – gespielt werden kann. Der Ball darf insbesondere auch gespielt werden:

- mit allen Teilen des Fußes, insbesondere mit dem Außen- und Innenspann, der Innenseite, dem Vollspann, der Fußspitze (Picke), dem Absatz (Hacke) und der Sohle des Fußes,
- mit allen Teilen des Rumpfes, insbesondere mit der Brust und dem Bauch, mit Ober- und Unterschenkel,
- mit dem Kopf.

Mit diesen Körperteilen wird der Ball von den Spielern an- und mitgenommen, geführt und gedribbelt, abgespielt und aufs Tor geschossen. Nachfolgend sind diese Gruppen von technischen Grundfertigkeiten noch einmal übersichtlich zusammengestellt.

Grundtechniken mit Ball

Passen	–	Torschuß
Dribbling	–	Tackling
Ballführen	–	Balltreiben
Ballannahme	–	Ballmitnahme

Fintieren

BALLKONTAKTE: ART UND HÄUFIGKEIT

Gemäß einer Spielanalyse aus den 80er Jahren von Jaschok/Witt hat ein Spieler pro Spiel etwa 60 Ballkontakte. Franz Beckenbauer brachte es in seiner besten Zeit in einem Spiel einmal auf 92 Ballaktionen. Die nebenstehende Übersicht gibt einen Einblick in die Art und Häufigkeit der Ballkontakte, die ein einzelner Spieler im Durchschnitt in einem Spiel hat.

Die Durchschnittswerte für Mittelfeldspieler gelten mit entsprechenden Abwandlungen auch für andere Positionen. Wenn Loy für die Fußballweltmeisterschaft 1994 pro Spiel durchschnittlich 28,8 Torschüsse (davon 4,3 mit dem Kopf) und 10,1 Eckbälle registriert hat, dann ist klar, daß diese Aktionen mehr von den Angreifern geleistet werden. Umgekehrt werden typische Abwehrtechniken wie das Gleittackling in Häufigkeit von den Abwehrspielern erbracht.

Wo ein Spieler dribbelt, da ist ein tackelnder Gegner nicht weit entfernt.

Art und Zahl der Ballkontakte

47	x	An-/Mitnahme
4	x	Torschuß
38	x	kurzer Paß
17	x	weiter Paß
4	x	Kopfstoß
4	x	Flanken
18	x	Tackling
9	x	Dribbling

Auch die individuellen technischen und taktischen Vorlieben einzelner Spieler (z. B. gehen Außenverteidiger bzw. hintere Mittelfeldspieler unterschiedlich oft mit nach vorne in den Angriff) führen zu Abweichungen von den Durchschnittswerten.

Die Finten – raffinierte Würze des Spiels

BEDEUTUNG DER FINTEN

Noch vor etwa 20 bis 30 Jahren waren täuschende Finten das Privileg der Stürmer und der offensiven Mittelfeldspieler. Im modernen Fußballsport werden nahezu alle Aktionen, sowohl die Angriffs- wie die Abwehrhandlungen, mit fintierenden Techniken eingeleitet.
Durch die Finten soll der Gegner von den wahren Absichten, die ein Spieler hat, abgelenkt werden. Obwohl inzwischen auch beim Tackling angetäuscht wird, sind die täuschenden Techniken primär für den Spieler am Ball wichtig. Und zwar sowohl bei der An- und Mitnahme des Balles als auch vor allem beim Dribbeln. Der Spieler wird im modernen Fußballsport bereits vor der Ballannahme von seinem Gegner unter Druck gesetzt. Wenn er erst einmal in Ballbesitz ist, dann attackieren ihn nicht selten sogar mehrere Gegenspieler gleichzeitig. Diesen Angriffen kann sich der Spieler am Ball nur durch Täuschungen entziehen.
Aber: Im ständigen Wechselspiel der Kräfte – je raffinierter die Angreifer sind, um so cleverer müssen die Abwehrspieler werden – agieren heute auch immer mehr Abwehrspieler mit Finten. Sie täuschen ein Tackling an und zwingen so den Ballbesitzer zu einer bestimmten Aktion. Diese Aktion ahnen sie als erfahrene Spieler voraus (Antizipation = geistige Vorwegnahme von Bewegungen) und können so erfolgreich abwehren.
Wenn der Torschuß – wie immer wieder behauptet wird – das Salz in der Suppe des Fußballs ist, dann sind die Finten der Paprika, der dem Spiel für Spieler und Zuschauer die besonders pikante Würze verleiht. Sie bringen ständig Überraschungsmomente in die individuellen Aktionen. Vor allem das Zweikampfgeschehen wird von den Finten geprägt. Nicht umsonst spricht man vom »Dribbeln und Fintieren« als nahezu einheitlichen Begriff.
Wegen der außerordentlich großen Bedeutung der Finten für die Angriffs- wie Abwehrhandlungen im modernen Fußballsport werden sie – im Gegensatz zu bisherigen Darstellungen in Fußball-Lehrbüchern (auch meiner eigenen) – in diesem Buch vor allen anderen Grundtechniken behandelt. Damit soll ihrer steigenden Bedeutung im Wettkampf Rechnung getragen werden. Denn auch dort gehen die immer raffinierter werdenden Finten den anderen Techniken zeitlich voraus.

TECHNIKEN DES FINTIERENS

Eine Finte wird definiert als technomotorische Handlung mit oder ohne Ballbesitz, die eine Aktion im Ansatz vortäuscht. Die angetäuschte Bewegung wird abgebrochen und in eine für den Gegner schwer voraussehbare entgegengesetzte Aktion abgewandelt.

Die angetäuschte Aktion kann dabei in der Art ihrer Ausführung wie folgt verändert werden:

- Veränderung in der Richtung der Bewegung. So kann die Mitnahme eines zugespielten Balles nach links angetäuscht werden, der Ball wird aber dann nach rechts weggenommen. Man bezeichnet diese Finten auch als Richtungwechselfinten.
- Veränderungen im Zeitpunkt der Ausführung. Z. B. wird ein Tackling angetäuscht, abgebrochen und erneut gestartet.
- Veränderungen in der Dynamik der Ausführung. Beispielsweise wird der Ball in langsamem Tempo geführt und mit einem plötzlichen Antritt am Gegner vorbei gedribbelt. Dabei spricht man von Tempowechselfinten.
- Veränderungen in der Gesamtstruktur, d. h. im räumlich-zeitlichen Ablauf der Bewegung. Z. B. wird ein Schuß angetäuscht, der Ball aber dann mit einem Haken (Cutbewegung) eng am Gegner vorbeigeführt, um in eine noch bessere Schußposition zu gelangen. Die sogenannten Schuß- oder Abspielfinten zählen zu dieser Gruppe von Finten.

Häufig kommt es bereits bei einfachen Finten zu einer Kombination der oben genannten Täuschungsmuster.

Nicht selten werden sogar mehrere komplexe Finten miteinander koordiniert. Das ist immer dann erforderlich, wenn der Gegner auf den ersten Ansatz einer Finte nicht in der gewünschten Weise hereinfällt. Zum Beispiel agiert der Spieler bei den sogenannten Doppelfinten dann wieder in die Richtung, in die er ursprünglich angetäuscht hatte.

Die Richtung der Bewegung kann durch Oberkörperdrehungen, durch Ausfallschritte bzw. Schrittwechsel oder auch nur durch Blicksignale angetäuscht werden. Dementsprechend unterteilt man in der Praxis die Richtungswechselfinten auch in

- Körperfinten,
- Schrittfinten,
- Blickfinten.

Bei allen Formen von Finten sollte eine möglichst nahtlose Koppelung zwischen der antäuschenden Auftaktbewegung und der eigentlichen, entgegengesetzten Hauptphase angestrebt werden.

Der Übersteiger à la Völler. Der Spieler steigt täuschend nach außen über den Ball und nimmt diesen dann in die Gegenrichtung sprintend mit.

ERFOLGREICHE FORMEN VON FINTEN

In der jahrzehntelangen Tradition des Fußballsports haben besonders kreative Spieler immer wieder neue Finten erfunden. Wenn sie damit im Wettkampf erfolgreich waren, dann haben sie diese Bewegungsmuster logischerweise stets aufs neue in fintierender Weise eingesetzt. Nicht selten mit dem Ergebnis, daß man ihre Art zu fintieren personifiziert und mit ihrem Nachnamen belegt hat.

Obwohl die neuen Finten meist sehr schnell Nachahmer finden – das Fernsehen als Medium trägt enorm zur raschen Verbreitung neuer Finten mit bei –, behalten diese Finten unter Trainern und Spielern oft den Namen ihres »Schöpfers«. In einigen Fällen – so bei der berühmten »Matthews-Finte« – überdauert die Finte dann sogar den Ruhm des Spielers.

Der englische Rekordnationalspieler Matthews wurde für seine unnachahmliche Spielweise von der Königin sogar zum »Sir« geadelt.

Auf den folgenden Seiten werden 7 wirkungsvolle Finten in Form von Bildreihen mit einer kurzen Texterläuterung vorgestellt. Es sind dies:

- **Völler-Übersteiger**
- **Stop-/Startfinte**
- **Matthews-Trick**
- **Garrincha-Doppelschere**
- **Spielbein-Wechsel-Drehung**
- **Schußfinte**
- **Doppelkickfinte**

TAKTIK DES FINTIERENS

Beim Fintieren bedingen sich Technik und Taktik der Ausführung gegenseitig sehr stark. Spieler, die zwar technisch geschickt sind, aber die Finten ohne taktische Raffinesse einsetzen, verkommen oft zu reinen »Fummlern«. Sie sind vom Gegner leicht auszurechnen und schaden ihrer Mannschaft durch übertriebenes Dribbeln und Fintieren mehr als sie ihr nützen.

Stop-/Startfinte als Kombination aus Ball- und Körperfinte. Aus dem Bal führen heraus wird der Ball abgestoppt (hier in Bild 3 mit der Innenseite des rechten Fußes), eine Oberkörperdrehung täuscht zusätzlich eine Gegenbewegung an, dann wird der Ball erneut in die alte Laufrichtung mitgenommen.

Der Trick nach Sir Stan Matthews. Der Ball wird mit der Innenseite und der Sohle (hier des rechten Fußes) nach innen gezogen und sofort anschließend im Sprint mit der Außenseite nach außen mitgenommen.

Garrincha, der brasilianische Dribbelkünstler, hatte die Scherfinte verdoppelt; er täuscht mit der Scherbewegung zweimal an und startet in die ursprüngliche Laufrichtung weg.

Mehr Kunst- als Gebrauchswert hat diese akrobatische Variante einer Drehfinte. Dabei wird der Fuß, mit dem der Ball mit der Sohle in die Drehung mitgenommen wird, gewechselt.

Bei der Schußfinte wird der Ball nach der Schußtäuschung entweder mit der Außenseite des Fußes nach außen oder mit der Innenseite in einer Cutbewegung nach innen mitgenommen. Eine Variante der letzten Form zeigt diese Bildreihe, in der der Ball hinter dem Standbein zur Seite mitgenommen wird.

Bei der Doppelkickfinte spielt der Spieler einen Mini-Doppelpaß mit sich selbst. Der Minipaß in eine Richtung wird mit dem anderen Fuß sofort abgeblockt, der Ball wird dabei in die Gegenrichtung gespielt, der Spieler startet dem Ball nach.

Finten sind dann erfolgreich, wenn folgende taktische Grundregeln mit beachtet werden:

- Die Finte muß klar und eindeutig sein. Auf ein halbherziges Hin- und Herpendeln des Oberkörpers kann der Gegner nicht reagieren – auch nicht in dem vom fintierenden Spieler gewünschten Sinn. Nicht selten verwirrt sich der Spieler dabei selbst.
- Die Finte muß angemessen sein. Schwache Gegenspieler fallen nur auf deutlich sichtbare Finten herein; sehr gute Gegner erkennen sie im Ansatz bereits als Finte. Gegen sie sind feindosierte Täuschsignale, z. B. eine Blickfinte, wirkungsvoller.
- Die Finte sollte im richtigen Abstand zum Gegner erfolgen. Welcher Abstand der richtige ist, das hängt von vielen Faktoren ab. Z. B. den Positionen, aus denen heraus sich die Spieler bekämpfen, dem Lauftempo, mit dem die beiden Gegner aufeinander zulaufen, dem Antrittsvermögen beider Spieler, wenn sie aus dem Stand heraus agieren, usw.
- Die Finte soll günstige Räume für Anschlußhandlungen eröffnen. Dafür gibt es zahlreiche Beispiele; einige müssen genügen:
  1. Beim Dribbling vor dem Tor sollte die Finte in die Richtung zum schwächeren Schußbein oder zum ungünstigeren Schußwinkel erfolgen. Dann kann anschließend mit dem stärkeren Bein oder aus günstigem Winkel geschossen werden.
  2. Auf dem Flügel täuscht der Angreifer einen Durchbruch nach innen an. Damit eröffnet er sich den nötigen Raum, um außen durchzubrechen und zu flanken.
  3. Als Abwehrspieler täuscht man ein Tackling auf der »gefährlicheren« Seite des Gegners an und zwingt so den Angreifer auf eine weniger vorteilhafte Position.
- Beim Fintieren müssen Aktionen und Reaktionen des Gegners mit beachtet werden. Das Verhalten des Gegners mit in die eigenen Finten einzubeziehen, erhöht deren Wirkung. Das setzt allerdings voraus, daß der Blick nicht stur auf den Ball gerichtet wird. Dies ist wiederum nur möglich, wenn die Finten durch intensives Üben in ihrem Bewegungsablauf automatisiert sind.

Die Aufzählung dieser zahlreichen taktischen Aspekte macht deutlich, daß das Einüben von fintierenden Bewegungsmustern nur der erste Schritt im Lernprozeß sein kann. Das Erproben und das blitzschnelle Variieren der Finten in vielfältigen Spielsituationen ist für den erfolgreichen Lernprozeß und für die Erweiterung der Bewegungs- und Spielerfahrung ebenso wichtig. Wenn der Trainer dabei die oben genannten Tips geben kann, dann bereichert er damit den Erfahrungs- und Wissensschatz des Spielers.

SPEZIELLE TIPS ZUM TRAINING

Das Lernen der Finten beginnt mit dem ersten Trainingstag – und es endet eigentlich nie. Selbst Bundesligaspieler könnten sich auf diesem Gebiet noch ständig verbessern, sei es durch die Präzisierung des Bewegungsablaufes, durch die Verbesserung der Schnelligkeit oder auch durch die Erweiterung des Repertoires an Finten. Leider tun sie das in der Regel zuwenig. Zu viele sogenannte Spitzenspieler sind zufrieden, wenn sie zwei oder drei Finten beherrschen. Dabei eröffnet jede weitere

sicher gekonnte Finte die taktischen Möglichkeiten im Spiel um ein Vielfaches.
Beim Training der Finten sind neben den allgemeinen Gesetzmäßigkeiten des Techniktrainings spezielle methodische Aspekte zu beachten, und es muß mit geeigneten Übungs-, Spiel- und Trainingsformen gearbeitet werden.

DIDAKTISCH-METHODISCHE ASPEKTE

Kinder sollten einfache fintierende Verhaltensmuster zuerst im freien Spiel in kleinen Spielformen (mit vielen Ballkontakten) selbst finden und erfinden.
Aber: Nicht jeder Spieler ist ein kleiner Maradona oder Häßler und schüttelt immer neue Tricks »aus den Socken«.
Deshalb: Junge (und auch ältere) Spieler benötigen immer wieder Anregungen und Vorbilder für neue Tricks. Diese kommen entweder vom Trainer oder, noch besser, von eigenen Mitspielern. Deshalb sind positive »Stars« in der Mannschaft für junge, lernwillige Spieler auch so wichtig.
Wenn diese Vorbilder nicht geliefert werden können, dann können Reihenbilder, wie wir sie in diesem Buch liefern, Lehrvideos oder Videoaufzeichnungen von großen Spielern und guten Spielen eine wertvolle Hilfe sein.
Mehr als bei anderen Techniken ist die Schulung in methodischen Schritten, »vom Leichten zum Schwierigen«, wichtig. Diese Stufen sind:

- Umsetzen der neuen Bewegungsvorstellung in eine »Grobmotorik« mit langsamen Bewegungsabläufen ohne Gegenspieler und ohne Wettkampfdruck,
- Verfeinern und Präzisieren des Bewegungsablaufes und dabei lernen, das Tempo der Durchführung zu steigern,
- eine im Bewegungsablauf ähnliche Alternative zu dieser Finte in den gleichen Stufen erarbeiten,
- mit scheinangreifenden und halbaktiven Gegenspielern üben. Dabei mit wechselnden Gegnern trainieren, das verbessert nach einer wissenschaftlichen Untersuchung den Lernerfolg,
- die Grundform und die Alternative in kleinen Parteispielen gezielt einsetzen auch im Kampf mit mehreren Gegnern. Zur Anwendung muß der Trainer immer wieder aufs neue auffordern und ermuntern,
- parallel dazu in isolierten Einzelübungen immer wieder das Ausführungstempo (schnelle Beinarbeit!) verbessern,
- letztlich die Finten in Trainingsspielen und im Wettkampf einsetzen und sich dabei auch von gelegentlichen Rückschlägen nicht entmutigen lassen.

Wer sich dem Zugriff mehrerer Gegenspieler entziehen will, der muß variabel dribbeln und fintieren können.

Der Ball kann aus allen Richtungen und in unterschiedlicher Höhe ankommen. Er muß zuerst perfekt kontrolliert werden, damit erfolgreiche Anschlußaktionen möglich sind.

Die Ballkontrolle – An- und Mitnahme des Balles

BEDEUTUNG DER BALLKONTROLLE

Bei den Fußballweltmeisterschaften 1990 und 1994 wurden mit Deutschland und Brasilien jeweils zwei Mannschaften Sieger, die ihre Angriffe überwiegend durch Kombinationen über viele Stationen vorgetragen haben. Die Vertreter des »Kick and Rush«-Fußballs sind frühzeitig aus den WM-Turnieren ausgeschieden. Ein gepflegtes Kombinationsspiel ist demnach auch eine der wichtigen Säulen des Erfolgs im Fußball.

Für ein sicheres Kombinationsspiel ist die gute Ballkontrolle eine unabdingbare Voraussetzung, denn die zugespielten Bälle können vom angespielten Spieler oft nicht direkt weiter gepaßt oder als direkter Schuß auf das Tor abgegeben werden. Dies belegt den Stellenwert der An- und Mitnahme des Balles.

In unteren Spielklassen und vor allem im Jugendfußball, wo die Fähigkeit zum Direktspiel noch weniger entwickelt ist als bei den internationalen Spitzenspielern, würden Spielanalysen mit Sicherheit ein noch deutlicheres Verhältnis zwischen Direktspiel und Ballannahme ergeben.

Sinnvolle und erfolgreiche Anschlußhandlungen sind demnach nur dann möglich, wenn die An- bzw. die Mitnahme des Balles gelingt; und dies auch unter Bedrängung durch einen oder auch durch mehrere Gegenspieler, so wie das im modernen Fußballsport immer häufiger der Fall ist.

Bei den heute praktizierten 3:5:2-, 4:4:2- oder 4:5:1-Systemen in Verbindung mit der Pressing- und Forechecking-Taktik befinden sich in Ballnähe immer mehrere Gegenspieler gleichzeitig. Der ballannehmende Spieler muß in Sekundenschnelle auf engem Spielraum unter Bedrängung durch Gegenspieler den Ball unter Kontrolle bringen. Dies erfordert viel Ballgefühl, gute Reflexe, eingeschliffene Finten und eine perfekte Technik der Ballannahme. Die Annahme muß dabei in aller Regel mit einer vorausgehenden Finte gekoppelt werden.

Leider beherrschen selbst manche deutsche Bundesligaspieler die An- und Mitnahme des Balles nicht auf dem inzwischen international erreichten Niveau: Gerade in den Tagen, da diese Zeilen geschrieben wurden, hat sich das Technikdefizit deutscher Profis bei Europacupspielen gezeigt. Während Spielern anderer Nationen der Ball bei der Annahme in allen Situationen geradezu am Stiefel klebte, hatten Spieler von deutschen Spitzenmannschaften vor allem bei der Mitnahme des Balles in den Lauf sichtbare Probleme.

Mit Sicherheit ist diese Tatsache nicht nur auf das angeblich größere Techniktalent der Südländer zurückzuführen. Es ist bekannt, daß die Spieler in Spanien und in Italien vor allem die Fußballtechnik mit erheblich größerem zeitlichen Aufwand trainieren. Dafür sind die einzelnen Trainingseinheiten in diesen Ländern z. T. doppelt so lange als in der Bundesliga. Der deutsche Fußball muß hier – insbesondere, da der Straßenfußball als Basisschule inzwischen kaum mehr existiert – schleunigst umdenken und sich dem erhöhten Niveau durch Steigerung des Trainingsumfanges anpassen.

TECHNIKEN DER AN- UND MITNAHME

Bei der bereits dargestellten engen Deckung durch die Gegenspieler ist das früher praktizierte »Stoppen« des Balles gemäß dem alten Motto »Stopp-Schau-Gib« völlig out.
Das Motto heute lautet:

- **Fintieren**
- **An- und mitnehmen**
- **Erfolgreich abschließen**

Das Fintieren und die Annahme des Balles müssen also in einer flüssigen Gesamtbewegung nahtlos in das Mitnehmen des Balles übergeleitet werden. Wie aus der folgenden Übersicht zu ersehen ist, kann das mit allen Körperteilen (natürlich ausgenommen der Hand und dem Arm) erfolgen.

Möglichkeiten der An- und Mitnahme

Mit allen Teilen der beiden Füße	Mit dem Rumpf und den Beinen
Sohle	Kopf
Spann	Brust
Außenseite	Bauch
Innenseite	Oberschenkel

Für die Art der Ausführung der An- und Mitnahme und auch für die Wahl des Körperteils, mit dem das erfolgt, sind folgende Punkte entscheidend:

- Die Schärfe und Flugbahn des ankommenden Balles: Er kann flach, halbhoch und hoch im Bogen einfliegen und er kann scharf oder weich zugespielt werden.
- Die Richtung der Ballmitnahme: Er kann zurück in seine Ankunftsrichtung, nach rechts oder links oder in die Richtung mitgenommen werden, in die er gespielt wurde.

Ballannahme mit der Brust. Der Oberkörper weicht im Moment der Ballberührung nach hinten in die Bogenspannung zurück. Bei einer anderen Variante kippt er schnell nach vorne, so daß der Ball nach vorne-unten abrollt.

- Die Richtung der Ballmitnahme wird meist vom Gegenspieler und von sich daraus ergebenden taktischen Überlegungen mit entschieden.

Die Techniken der einzelnen Formen der Annahme sind unterschiedlich; sie werden bei den folgenden Darstellungen in Wort und Bild näher behandelt. Generell gilt, daß durch die Annahme die Wucht des ankommenden Balles abgedämpft werden muß.
Das wird z. B. bei der Annahme mit der Brust durch ein Zurückfedern des Oberkörpers, bei der Annahme mit dem Oberschenkel zusätzlich durch eine bewußte Entspannung der großen Muskelpakete des Oberschenkels und bei der Annahme mit dem Kopf durch ein wohlkoordiniertes Zurückweichen aus der Halswirbelsäule und einem schnellen Einknicken in den Beinen ermöglicht.
Beim Mitnehmen des Balles nach vorne, nach rechts oder links ist diese Technik nur bedingt möglich; dabei wird der Ball in der Form eines feindosierten Minipaßes mitgenommen.

FORMEN DER AN- UND MITNAHME

Auf den folgenden Seiten werden verschiedene Formen der An- und Mitnahme des Balles in Reihenbildern und kurzen Textbeschreibungen vorgestellt.

- **Annahme mit der Brust**
- **Annahme mit dem Oberschenkel**
- **Mitnahme mit der Innenseite des Fußes**
- **Mitnahme in die Drehung**
- **Mitnahme hinter das Standbein**
- **Mitnahme mit der Außenseite des Fußes**

Ballannahme mit dem Oberschenkel. Der Oberschenkel wird dem Ball frühzeitig entgegengeführt, im Moment der Ballberührung weicht er locker nach unten-hinten zurück – die Wucht des ankommenden Balles wird abgedämpft.

Ballmitnahme mit der Innenseite des Fußes in die Drehung. Der Ball wird mit dem ganzen Körper zu einem eventuell von der Seite ankommenden Gegner hin abgeschirmt. Motto: Körper zwischen Ball und Gegner.

Ballmitnahme mit der Innenseite des Fußes nach rechts oder links. Der Mitnahme geht in der Regel eine Finte in die Gegenrichtung voraus.

Hier eine Variante der Ballmitnahme mit der Innenseite des Fußes. Der Ball wird hinter dem Standbein zur Seite weggenommen.

Ballmitnahme mit der Außenseite des Fußes zur Seite. Auch dieser Mitnahme geht in aller Regel eine Täuschung in die Gegenrichtung voraus.

TAKTIK DER AN- UND MITNAHME

Taktisch wird die Form der An- und Mitnahme des Balles vor allem von der momentanen Position des Spielers und seiner Gegner mitbestimmt.

- Wenn der Gegner in Spielnähe ist, muß dem Ball grundsätzlich entgegen gestartet und einleitend fintiert werden.
- Im Mittelfeld sollte der aus der Abwehr zugespielte Ball – wiederum nach einer Täuschung – immer sofort in die Drehung mitgenommen werden.
- Bei einem schnell attackierenden Gegner versucht man, den Ball am »falschen«, d. h. an dem im Moment belasteten Bein vorbei mitzunehmen.
- Hoch einfliegende Bälle nimmt man so früh als möglich, d. h. mit dem Kopf oder der Brust an; anderenfalls ist der Gegner, der nicht wartet bis der Ball auf den Fuß fällt, im Vorteil.
- Wenn zwei Gegenspieler gleichzeitig attackieren, dann ist es oft zweckmäßig, den Ball genau zwischen den beiden hindurch mitzunehmen.
- Die Mitnahme sollte sofortige, erfolgversprechende Anschlußhandlungen wie Flanken oder Torschüsse ermöglichen.

SPEZIELLE TIPS ZUM TRAINING

Erst wer den Ball sicher unter Kontrolle hat, kann erfolgreiche Aktionen starten. Deshalb ist für das Training der Ballkontrolle viel Zeit aufzuwenden.

- Übungs- und Spielformen zur gezielten Schulung anderer Techniken sollten so ausgewählt werden, daß die An- und Mitnahme des Balles vorweg mit geschult wird (z. B. beim Torschußtraining neben der Direktabnahme immer wieder auch die Schulung der Ballkontrolle mit einbauen).
- Von Anfang an wird die An- und Mitnahme mit einleitenden Finten und im Laufen trainiert; das kann ohne große Kraftanstrengung ganz leicht und spielerisch geschehen. Nach dem Motto »Kommen – Annehmen – Abspielen« können sich zwei Partner den Ball im Wechsel zuspielen. Dagegen ist das statische Üben im Stand völlig out. Damit wird man den Anforderungen des modernen Fußballspiels und auch der Spiel- und Bewegungsfreude der Spieler nicht mehr gerecht.
- Frühzeitig auch einen Gegenspieler mit auf den Platz nehmen. Dieser greift zuerst nur halbaktiv ein. Wenn die Grundtechnik beherrscht wird, soll er aber bald voll aktiv attackieren. Der gute Spieler muß die Ballkontrolle im Training auch unter dem Druck von mehreren Gegenspielern verbessern.
- Im sogenannten »Drucktraining« wird ein übender Spieler von mehreren Spielern mit mehreren Bällen in schneller Folge aus unterschiedlichen Richtungen angespielt. Dabei muß er sich vor der Annahme immer neu orientieren und dann blitzschnell reagieren und mit wechselnden Techniken an- und mitnehmen. In Form eines kleinen Wettbewerbs wird das Tempo des Zuspiels so weit erhöht, bis der Spieler nicht mehr schnell genug reagieren kann; danach Wechsel der Aufgabe.
- Wenn im Wechsel in isolierten Übungsformen und in spielnahen Trainingsformen (z. B. in Spielformen 1 + 1 gegen 1 auf ein Tor) geübt

Wenn der Gegner – so wie in der Abbildung – den Spieler von hinten bedrängt, dann ist die Ballannahme besonders schwierig.

wird, dann schleifen sich die Bewegungsabläufe gut ein, und gleichzeitig wird dadurch das wettkampfnahe Verhalten bei der Ballkontrolle verbessert.

- Eine weitere Steigerung der Anforderungen an den Spieler bei der Ballkontrolle erzielt man durch folgende Trainingseinheiten:
  - Erhöhung des Lauftempos,
  - Verengung des Aktionsraumes,
  - Verschärfung des Zuspiels,
  - Erhöhung der Zahl der Gegenspieler,
  - Präzisierung der Anschlußhandlungen (nicht nur Flanken, sondern genau auf einen bestimmten Punkt bzw. Mitspieler flanken!).

Beim Führen des Balles löst der Spieler den Blick vom Ball, um nach einer günstigen Abspielmöglichkeit zu suchen.

Ballführen, Balltreiben, Dribbeln

Nach der An- und Mitnahme kann der Ball entweder sofort in Form eines Passes, einer Flanke oder eines Torschusses weitergespielt werden, oder der Spieler führt bzw. treibt den Ball zuerst noch im Feld, bevor er seinen Ballbesitz (wie in der Abb. links dargestellt) zum Abschluß bringt.
Dabei ist prinzipiell zwischen drei verschiedenen Techniken zu unterscheiden:
Das **Ballführen** ist die Technik, bei der sich der Spieler in mäßigem Lauftempo im Spielfeld bewegt. Er wird dabei nicht direkt von einem Gegenspieler attackiert, er kann den Blick vom Ball lösen, um die Aktionen von Mit- und Gegenspielern zu beobachten.
Das **Balltreiben** unterscheidet sich vom Ballführen vor allem hinsichtlich dem Tempo und der Dynamik, mit denen sich der Spieler bewegt. Meist sprintet er dabei entlang der Seitenlinie oder raumüberbrückend im Mittelfeld. Das tut er nicht selten auch diagonal von einer Spielfeldseite zur anderen, um das Spiel zu verlagern und die Abwehr des Gegners aufzureißen. Im Abschnitt »Techniken des Balltreibens« (siehe S. 66) wird darauf noch genauer eingegangen.
Das **Dribbeln** ist technisch gesehen meist eine Mischung aus Ballführen und Balltreiben in Verbindung mit Finten der unterschiedlichsten Art. Mit den Finten versucht sich der dribbelnde Spieler den Attacken eines angreifenden Gegners zu entziehen.
Beim Dribbeln ist zu unterscheiden zwischen dem sogenannten

- Tempo-/ bzw. Durchbruch-Dribbling und
- dem Dribbling zur Ballsicherung.

Technisch gesehen ist das Tempo- und Durchbruch-Dribbling mehr eine Mischung aus Balltreiben und Fintieren. Das Dribbeln zur Ballsicherung dagegen ist eine Koppelung von Ballführen und Fintieren.

BEDEUTUNG DER BALLFÜHRUNG, DES BALLTREIBENS UND DES DRIBBELNS

Mit Hilfe der Ballführung, des Balltreibens und der vielfältigen Formen des Dribbelns kann ein Spieler unterschiedliche Situationen und Aufgaben lösen:

- Er kann damit einen Gegenspieler abschütteln und sich dabei selbst etwas Luft für eine überlegte Abschlußaktion verschaffen.
- Er kann durch ein beherztes Balltreiben Kontervorstöße in Räume vortragen, in denen sich keine eigenen Mitspieler befinden.
  Beispiel: Schnelles Überbrücken des Mittelfeldes durch Balltreiben.
- Er kann mit dem Ball in Räume eindringen, aus denen heraus Abschlußhandlungen mit mehr Aussicht auf Erfolg durchgeführt werden können.
  Beispiel: Eindringen in den Strafraum, um für den Torschuß eine günstigere Ausgangsposition zu haben.
- Er kann durch diagonales Ballführen und Balltreiben das Spiel verlagern, d. h. er kann den Angriff auf der vom Gegner weniger gut abgedeckten Seite vortragen.
- Er kann dabei durch längeres Ballführen bewußt die Abwehr auf sich

Beim Dribbling zur Ballsicherung wird der Körper zwischen Ball und Gegner geschoben.

ziehen und damit einen Mitspieler freispielen. Dieser sollte dann im übrigen aber auch von ihm angespielt werden. Das sogenannte »Hinterlaufen« ist dafür ein typischer Spielzug.

- Er kann damit auch einen günstigeren Moment für einen Paß oder eine Flanke abwarten, z. B. muß ein Spieler den Ball so lange abwartend führen und dribbeln, bis sein Stürmer aus einer Abseitsposition, in die er versehentlich geraten ist, zurückkommt.
- Letztlich kann durch ein hinhaltendes Dribbeln in weniger gefährlichen Räumen in konstruktiver Weise (im Gegensatz zum rein destruktiven Wegschlagen von Bällen) »auf Zeit« gespielt werden.

TECHNIKEN DER BALLFÜHRUNG, DES BALLTREIBENS UND DES DRIBBELNS

Der Ball kann mit allen Teilen des Fußes geführt, getrieben und gedribbelt werden.
Das sind insbesondere
- die Innenseite des Fußes,
- die Außenseite des Fußes,
- der Fußrist/der Vollspann,
- der Außenspann,
- der Innenspann,
- die Fußsohle,
- die Ferse/Hacke des Fußes.

Mit diesen Teilen des Fußes wird der Ball mit feindosierten Stoßbewegungen (mit der Sohle auch durch Zugbewegungen) in die Richtung gespielt, in die der Spieler gerade laufen möchte.

Die verschiedenen Trefflächen am Fuß, mit denen der Ball gespielt werden kann. Zusätzlich zu den gezeigten Formen wird er mit der Fußsohle und notfalls auch mit der Fußspitze gespielt.

Die Zeiten, als dabei der Ball mehrfach mit einem Fuß gespielt werden konnte, sind längst vorbei. Der enger gewordene Spielraum und die Tatsache, daß die Gegner in schneller Folge von unterschiedlichen Seiten attackieren, erfordert vom Spieler eine stets wechselnde flexible Technik des Ballführens.
Je nach Spielsituation muß der Ball im Wechsel mit dem rechten und linken Fuß und dazu oft in schneller Folge mit den unterschiedlichen Kontaktflächen der beiden Füße gespielt werden. »Beidfüßigkeit« und Flexibilität in der Wahl der Technik zählen deshalb mit zu den entscheidenden Voraussetzungen für eine erfolgreiche **Ballführung.**
Wichtig ist dabei auch die Fähigkeit zur »schnellen Beinarbeit«. Der Spieler muß seine Position durch stakkatoartige schnelle Zwischenschritte auf engem Raum blitzschnell verändern können.
Beim **Dribbeln** wird das Ballführen meist mit fintierenden Bewegungen der unterschiedlichsten Art gekoppelt. Beim ballsichernden Dribbeln ist es wichtig, daß »der Körper zwischen Ball und Gegner« gebracht wird. Der Ball sollte dabei mit dem Fuß geführt werden, der weiter weg vom Gegner ist. Allein aus dieser Forderung wird deutlich, wie wichtig die »Beidfüßigkeit« für das Führen, Treiben und Dribbeln des Balles ist.
Beim schnelleren und dynamischeren **Balltreiben** kommen als Kontaktfläche am Fuß vor allem der Außen- und der Vollspann in Frage. Alle anderen Kontaktflächen eignen sich für das hohe Lauftempo weniger gut. Vor allem mit der Innenseite des Fußes kann der Ball

Ballführen in der Folge Innenseite des einen und Außenseite des anderen Fußes.

im schnellen Lauf kaum mehr gespielt werden, weil die unnatürliche Außenrotation des Spielbeines dabei hinderlich wäre.

Bei allen Technikvarianten muß der Spieler über die Fähigkeit verfügen, den Ball möglichst »blind« zu spielen. Das ist natürlich nicht wörtlich zu verstehen. Vielmehr muß bei der Ballbehandlung der Blick so fixiert werden, daß im peripheren Blickwinkel des Spielers sowohl der Ball als auch das unmittelbare Spielumfeld zu erkennen ist. Diese technische Grundfähigkeit kann bei der sogenannten Blickschulung (siehe »Spezielle Tips zum Training«) verbessert werden.

FORMEN DER BALLFÜHRUNG, DES BALLTREIBENS UND DES DRIBBELNS

Die einfachen Formen der Ballführung ergeben sich aus den verschiedenen Möglichkeiten von Fuß-Ball-Kontakten, wie sie im vorausgehenden Abschnitt skizziert wurden. Sie brauchen hier nicht mehr wiederholt zu werden.

Daneben gibt es allerdings eine Vielzahl von komplexen Bewegungsmustern, mit denen der Ball geführt und gedribbelt werden kann. In der Regel wird der Ball dabei im Wechsel mit dem rechten und linken Fuß und mit den verschiedenen Teilen des Fußes geführt.

COERVER-ÜBUNGEN

Der Niederländer Wiel Coerver hat den Weltklassespielern der letzten Jahrzehnte auf die Füße geschaut und deren Art, den Ball zu führen, systematisch erfaßt. Er hat darüber Bücher und Videofilme gefertigt und methodische Wege zur Schulung des Ballführens entwickelt. Nachfolgend werden einige »seiner« Grundübungen in Wort und Bild dargestellt.

Spieler, die diese Grundformen bis zur Automatisierung einschleifen und die zusätzlich einige der in diesem Buch beschriebenen Finten beherrschen, werden

weder mit dem Ball noch mit dem Gegner Probleme haben. Sie werden auf jede Herausforderung im Spiel eine passende technische Antwort parat haben.

Alle nachfolgend genannten Beispiele sollten mit beiden Füßen geübt werden.

Ausweichen nach links

Den Ball mit der Innenseite des rechten Fußes nach links, mit der Außenseite des linken Fußes noch weiter nach links führen.

Ausweichen nach rechts und weiter nach rechts vorwärts

Den Ball mit der Innenseite des linken Fußes nach rechts, mit der Außenseite des rechten Fußes weiter nach rechts, mit der Innenseite des rechten Fußes vorwärts.

Im engen Zick-Zack-Kurs mit einem Fuß Ballführen vorwärts

Den Ball mit der Sohle des rechten Fußes von außen rechts nach innen links, dann mit der rechten Außenseite des Fußes wieder nach außen rechts mitnehmen.

Kurz nach links und weit nach rechts

Den Ball mit der Sohle des linken Fußes nach links außen, mit der Innenseite des linken Fußes nach rechts innen, mit der rechten Außenseite weiter nach rechts.

Vorwärtslauf stoppen und seitwärts wegstarten

Aus dem Lauf den Ball mit der Sohle zurückziehen, mit der Außenseite des gleichen Fußes zur Seite führen.

Vorwärtslauf stoppen und seitwärts-rückwärts starten

Wie oben den Ball mit der Sohle stoppen, mit der Innenseite des gleichen Fußes hinter dem anderen Fuß zur anderen Seite mitnehmen, mit der Außenseite oder Sohle beliebig weiterführen.
Durch die Kombination dieser Formen mit den aufgezeigten Finten entsteht eine Fülle von fintierenden Bewegungsmustern und Tricks. Wer diese Formen der Ballführung beherrscht, der wird auch keine Probleme haben, in kreativer Weise neue Varianten zu erfinden, wenn das der Wettkampf erfordert.

TAKTIK DER BALLFÜHRUNG, DES BALLTREIBENS UND DES DRIBBELNS

Mehrere Situationen, die beim Führen und Treiben des Balles aus taktischer Sicht bedeutsam sind, wurden bereits auf Seite 65 angesprochen. Auch die Tips, die auf Seite 45 zur Taktik des Fintierens gegeben werden, haben gleichermaßen Gültigkeit.
Deshalb genügt es, hier einige weitere grundsätzliche taktische Aspekte von Ballführen und Dribbeln anzumerken.

- Mit dem Ball am Fuß sollte in der Regel nicht direkt auf einen Gegner zugelaufen werden. Wenn man seitlich von einem Abwehrspieler in die freien Räume läuft, dann muß der Abwehrspieler seine Position, die er ja gewählt hat, weil ihm dies taktisch als zweckmäßig erschien, verlassen. Beim so erzwungenen Start hin zum ballführenden Spieler kann der Abwehrspieler dann leichter überlaufen werden; das ist z. B. möglich mit Hilfe einer Finte, die den Abwehrspieler auf dem »falschen Fuß« erwischt.
- Beim Führen und Treiben und vor allem beim Dribbeln, wenn ein Gegner attackiert, sollte der Ball immer im unmittelbaren Aktionsraum des Spielers sein. Deshalb ist es besser, wenn mit einem Tempo gelaufen wird, das der Spieler technisch noch beherrscht; d.h. einem Tempo, in dem der Ball noch sicher geführt und kontrolliert werden kann.
- Das gleiche gilt für die blickabhängige Ballkontrolle. Das Tempo sollte es dem Spieler noch gestatten, den Blick vom Ball zu lösen, um Mit- und Gegenspieler beobachten zu können.
- Letztlich: Das Ballführen und Dribbeln sollte nie übertrieben werden. Sobald der Ball sinnvoll abgespielt werden kann, ist der sichere Paß immer besser und schneller als das Ballführen. Der Ball – so sagt eine alte Trainerweisheit – hat die beste Kondition; d. h., wer den Ball laufen läßt, ohne selbst mit dem Ball zu laufen, der spart Kraft und zwingt umgekehrt den Gegner dazu, kraftraubend dem Ball hinterherzujagen.

SPEZIELLE TIPS ZUM TRAINING

Alle Formen des Ballführens sollten von Anfang an mit beiden Beinen geschult, geübt und perfektioniert werden. Das kann und sollte immer in völlig lockerer, spielerischer Weise geschehen. Z. B. können Kinder die meisten Finten und Tricks mit einem Tennisball im Schulhof und sogar im heimischen Wohnzimmer üben.

- Beim Training dieser Techniken sollte immer auch auf die Blickschulung geachtet werden. Der Spieler soll den Blick vom Ball lösen und etwa 2–3 m vor dem Ball auf den Boden schauen, dann sieht er den Ball und seine Umgebung gleichzeitig.
- Das Führen des Balles wird stets in Verbindung mit der An- und Mitnahme (siehe S. 55) und mit den verschiedenen Finten (siehe S. 43) trainiert.
- Bei wachsender Sprintschnelligkeit (z. B. im Lauf der Entwicklung eines jungen Spielers) muß das Balltreiben durch erneutes Üben dem verbesserten Niveau angepaßt werden.
- Das Ballführen und Dribbeln sollte frühzeitig auch unter aktiver Bedrängung durch einen Gegner geschult und verbessert werden. Dies ist vor allem auch in kleinen Spielformen wie dem 2 gegen 2, 3 gegen 3 usw. möglich.

Seite 70: Beim Dribbeln »klebt« der Ball am Fuß.

Das Tackling – die Kunst der Ballabnahme

Im ständigen, spannungsgeladenen Wechselspiel der Kräfte im Fußball ist das Tackling die technische Waffe gegen die Dribbelkunst der Stürmer.
Wo auch immer ein Angreifer dribbelt, ist ein zum Tackling bereiter Gegenspieler nicht weit entfernt – oder sollte dies zumindest sein.
Tackling definieren wir dabei in Anlehnung an die englische Urbedeutung des Wortes (jemanden anpacken, angehen, bekämpfen) wie folgt:

Tackling ist ein Sammelbegriff für alle technisch-taktischen Handlungen, mit deren Hilfe ein ballbesitzender Gegenspieler bekämpft wird, um ihn vom Ball zu trennen und um den Ball zurückzuerobern.

Reine Kopfballduelle, bei denen sich ja beide Spieler mit dem Ziel der Balleroberung bekämpfen, sind aus dieser Definition ausgenommen.
In einigen deutschen Lehrbüchern wird der Begriff »Tackling« ausdrücklich auf das Spreiz- und Gleittackling reduziert. Das entspricht zwar z.T. dem deutschen Sprachgebrauch, ist aber nicht korrekt und international nicht gebräuchlich.

BEDEUTUNG DES TACKLINGS

Gemäß der Übersicht auf Seite 42 versucht jeder Mittelfeldspieler, im Durchschnitt eines Spiels nicht weniger als 18mal den Gegner im Zweikampf durch Tackling vom Ball zu trennen. Bei reinen Abwehrspielern dürfte diese Zahl noch deutlich höher liegen.

Mit Hilfe der verschiedenen Techniken des Tacklings kann der Gegner

- bereits vor oder bei dem Versuch der Ballannahme vom Ball getrennt werden,
- am planvollen Spielaufbau gehindert werden,
- beim Flanken und Torschuß abgeblockt werden,
- bei Ballbesitz vom Ball getrennt werden.

Im modernen Fußballsport mit der Pressing- und Forechecking-Taktik wird schon in der gegnerischen Spielfeldhälfte durch die eigenen Stürmer versucht, den Ball zurückzuerobern. Dadurch ist das Tackling nicht mehr nur eine Technik für Mittelfeld- und Abwehrspieler; auch die Sturmspitzen wenden diese Techniken immer häufiger an.

Gleit- oder Sliding tackling kann – wenn es richtig ausgeführt wird – auch ein Leckerbissen der Fußballtechnik sein.

Seite 72: Tackling – das ist manchmal auch ein Kampf mit nicht immer fairen Mitteln.

FORMEN DES TACKLINGS

Je nach Spielsituation und auch in Abhängigkeit von den persönlichen Stärken und Schwächen der beteiligten Angriffs- und Abwehrspieler werden beim Tackling unterschiedliche Techniken angewandt.

Einige dieser Techniken wurden bereits im Kapitel »Technik ohne Ball« und im Kapitel »Die Finten« behandelt. Sie werden nachfolgend dennoch genannt, damit für den Leser die Gesamtschau der Techniken, mit denen getackelt werden kann, erhalten bleibt.

BALLABNAHME DURCH »ABLAUFEN« – LAUFTACKLING, TEMPOAUFNAHME UND PRELLTACKLING

Am elegantesten und risikolosesten kann man den Gegner durch »Ablaufen« vom Ball trennen. Dabei kommt es oft kaum zu einem nennenswerten Körperkontakt. Aufmerksamkeit, Reaktions- und Sprintschnelligkeit ersetzen dabei die sonst beim Tackling notwendige Einsatzhärte und Kraft.

Der grundsätzliche Unterschied zwischen den drei Formen ergibt sich aus den möglichen unterschiedlichen Positionen der Spieler zueinander.

Beim **Lauftackling** sind die beiden Gegner in mehr oder weniger großem Abstand voneinander mit Blick zueinander postiert. Der Ball befindet sich im Raum zwischen den beiden Spielern. Diese Situation ergibt sich z. B., wenn sich der ballführende Spieler den Ball zu weit vorlegt, so daß ihn der abwehrende Spieler durch schnelles Entgegenstarten ablaufen kann. In diesen Situationen gehen die Laufduelle meist sehr knapp aus. Der Spieler, der als erster zum Ballkontakt kommt, muß versuchen, den Ball möglichst am »falschen Fuß« vorbei und entgegengesetzt zur Laufrichtung des Gegners zu spielen. Eine vorausgehende Finte sichert den Erfolg dieser Technik zusätzlich ab. Wenn im Moment der Ballberührung der Abstand der beiden Spieler zueinander sehr knapp ist, dann empfiehlt es sich, den Ball zusätzlich etwas anzuheben und ihn so über das Spielbein des Gegners zu bringen.

Das **Tempoaufnehmen** ist eine Sonderform des Lauftacklings. Dabei kommt der Gegner mit dem Ball am Fuß auf den Abwehrspieler zu, um ihn mit einem Dribbling auszuspielen und zu umlaufen. Wenn der ballführende Spieler noch etwa 3–5 m entfernt ist, täuscht der Abwehrspieler eine Attacke nach vorne an und verleitet so den Angreifer zu einer etwas verfrühten Aktion. Häufig legt sich der überraschte Ballbesitzer dabei den Ball auch etwas zu weit vor. Der Abwehrspieler bricht seine Aktion nach vorne im Ansatz ab, dreht sich in Richtung zum Ball und sprintet zusammen mit dem Gegner nach dem vorgelegten Ball. Durch den räumlichen Vorsprung, den er in dieser Phase noch hat, kann er das Tempo des Gegners aufnehmen und diesem so den Ball noch ablaufen.

Beim **Prelltackling** steht der abwehrende Spieler in der typischen Position des manndeckenden Abwehrspielers, d. h. direkt am Rücken des Gegners. In dem Augenblick, in dem auf den Gegner ein Paß gespielt wird, sprintet er nach vorne und versucht, vor dem Gegner an den Ball zu kommen. Um in dieser Weise blitzschnell nach vorne prellen zu können, muß der Abwehrspieler etwas seitlich hinter dem Gegner stehen; aus dieser Position kann er auf kürzestem Weg vor den Gegenspieler kommen. Außerdem kann er aus der seitlichen Stellung den Zuspieler besser beobachten.

Tackling durch »Vorprellen«. Der hinter dem Angreifer postierte Abwehrspieler sprintet vor den Angreifer, so daß er vor diesem in Ballbesitz kommt.

Beim Sprint nach schräg vorne schiebt sich der Abwehrspieler möglichst mit dem ganzen Körper zwischen Angreifer und Ball und blockt diesen vom Ball ab. Der Ball sollte vorwärts oder zur Seite mitgenommen, vollständig kontrolliert und dann sicher abgespielt werden. Das häufig übliche bloße Wegschlagen des Balles führt nicht zum Ballbesitz und zur Chance auf einen Gegenangriff der eigenen Mannschaft.

BALLABNAHME DURCH ABBLOCKEN – GRUNDTACKLING UND LAUERTACKLING

Bei beiden Techniken wird der Ball durch den abwehrenden Spieler mit der Innenseite des Spielbeines abgeblockt.
Beim **Grundtackling** stehen sich die Spieler frontal gegenüber. Wenn der ballbesitzende Spieler zu einem Dribbling ansetzt oder einen Paß bzw. einen Torschuß versucht, blockt der abwehrende Spieler den Ball ab.
Wenn der Gegner versucht, den Ball zu schlagen, dann ist es wichtig, daß das Spielbein im Sprung-, Knie- und Hüftgelenk durch Anspannung aller Muskeln stark fixiert wird. In der Regel prallt der Ball dann vom Fuß des abwehrenden Spielers in dessen Laufrichtung ab.
Beim Abblocken eines dribbelnden Spielers wird im letzten Moment des gemeinsamen Ballkontaktes der Ball durch Hochziehen des Spielfußes etwas angehoben und so über das Bein des Gegners gerollt.
Das **Lauertackling** ist die typische Abwehrtechnik für die Verteidigung, wenn ein Angreifer nahe der Seitenlinie läuft, den Ball treibt und von dort zu einer Flanke in die Spielfeldmitte ansetzt. Der Abwehrspieler läuft dabei seitlich neben dem Ballbesitzer lauernd mit und blockt die Aktion in dem Moment ab, wenn der Ballbesitzer zum Flanken ausholt. Die Blockbewegung muß im letztmöglichen Moment erfolgen. Blockt der Abwehrspieler zu früh, dann wird ihn ein guter Angreifer mit einer Schuß-/Hakenfinte täuschen und ihn so ins Leere laufen lassen.

BALLABNAHME DURCH GRÄTSCHEN – SPREIZTACKLING UND GLEITTACKLING

Diese beiden Formen des Tacklings sind ebenso spektakulär wie technisch anspruchsvoll und risikoreich.
Beide Techniken sind – wie das Rempeltackling – in ihrem technischen Ablauf im Zusammenhang mit den »Techniken ohne Ball« auf den Seiten 29 bis 39 bereits detailliert beschrieben worden; sie brauchen hier nicht noch einmal wiederholt zu werden.

TAKTIK DES TACKLINGS

Berti Vogts, der deutsche Bundestrainer, hat einmal formuliert:

»Tackeln sollte man nicht im erstmöglichen, sondern im bestmöglichen Moment.«

Diese Aussage verrät viel über die Taktik des Tacklings. Außerdem können durch ein richtig getimtes Tackling auch viele Fouls vermieden werden. Faires Tackling ist nicht nur sportlicher und vermeidet Verletzungen, sondern es ist auch taktisch besser, da jedes vom Schiedsrichter geahndete Foul automatisch auch den Ballverlust für die eigene Mannschaft bedeutet. Die Statistiken der beiden letzten Fußballweltmeisterschaften be-

Auch beim Frauen- und Mädchenfußball hat das faire Tackling heute seinen Platz.

legen eindeutig, daß die besten Mannschaften immer auch zu den fairsten Mannschaften zählten. Dabei sind im Fußball natürlich korrekte Härte und Unfairneß immer die »zwei konträren Seiten einer (Zweikampf-)Medaille«.
Allerdings: Welcher Moment der bestmögliche zur Ballabnahme ist, das hängt von einer Reihe von Faktoren ab. So z. B. von der Position und dem Abstand der beiden Spieler zueinander, von der Bewegung des Balles im Verhältnis zu beiden Spielern, dem Abstand der beiden Spieler vom Tor und nicht zuletzt davon, ob der tackelnde Spieler im Rücken noch durch einen Mitspieler abgesichert wird oder nicht. Wenn der Spieler abgesichert wird, dann kann er mit höherem Risiko angreifen, als wenn er in letzter Position gegen einen Angreifer steht. In diesem Fall wird er eher hinhaltenden Widerstand leisten, dem ballführenden Gegner den direkten Weg zum Tor versperren und mit dem aggressiven Tackeln warten, bis ihn ein zurückeilender Mitspieler absichert.

Grundsätzlich gibt es drei unterschiedlich günstige Momente für ein erfolgreiches Tackling.

1. Bevor der Gegner am Ball ist

Das ist taktisch der beste Moment für ein Tackling. Als Technik bieten sich alle Varianten des »Ablaufens« an.

2. Im Augenblick der Ballannahme

Bei der Ballannahme steht der Gegner auf einem Bein. In diesem Moment ist er voll auf die Ballannahme konzentriert und zudem steht er einbeinig in einer besonders labilen Position. Die Gelegenheit zum sauberen Rempeltackling ist jetzt besonders günstig.

3. Nach der Ballannahme

Die günstigsten Möglichkeiten zum Tackling sind zwar verpaßt, dennoch kann mit Hilfe von Finten und mit Rempel-, Spreiz- und Gleittechniken noch erfolgreich getackelt werden.

SPEZIELLE TIPS ZUM TRAINING

Der Erfolg einer Mannschaft beginnt mit einem erfolgreichen Abwehrverhalten. Dieses setzt bei den Spielern das Beherrschen von wirkungsvollen Tackling-Techniken voraus. Dem Training des Tacklings sollte deshalb nicht weniger Aufmerksamkeit und methodische Sorgfalt gewidmet werden als anderen Techniken auch.
Da das wirkungsvolle Tackling meist schneller erlernt wird als das erfolgreiche Dribbeln, kann durch ein gezieltes Training dieser Techniken in der Regel ein schnellerer gesamtheitlicher Mannschaftserfolg erreicht werden.
Folgende Punkte sind zu beachten:

- Die methodischen Grundsätze des technomotorischen Lehrens und Lernens, wie z. B. das Prinzip »vom Einfachen zum Komplexen«, sind beim Tackling-Training von Bedeutung.
- Alle Grundformen des Tacklings müssen frühzeitig in Übungsformen mit halbaktivem Gegner systematisch erlernt werden. Trainer und Spieler können sich dabei nicht darauf verlassen, daß sich diese Techniken im Spiel automatisieren und induktiv entwickeln. Im Zweifel läßt der Spieler seinen Gegner nämlich lieber ungehindert zum Tor laufen, als daß er zu einer riskanten – weil ungeübten – Technik, wie z. B. dem Spreiztackling, greift.
- Von Anfang an sollte man auf Beidbeinigkeit in der Ausführung achten. Vor allem die schwierigeren Formen wie das Gleit- und Spreiztackling beherrschen selbst höherklassige Spieler selten mit beiden Beinen gleich sicher.
- Die kleinen Parteispiele vom 1:1 bis zum 5:5 und die kleinen Überzahl- gegen Unterzahlspiele eignen sich wegen ihrer Dichte an typischen Zweikampfsituationen gut zur Festigung und zur Schulung der wettkampfgemäßen Anwendung im Training von fortgeschrittenen Spielern.

DER ZWEIKAMPF – DRIBBLING CONTRA TACKLING

»Wer die meisten Zweikämpfe gewinnt, der gewinnt das Spiel!«

Dieser einst von Sepp Herberger, dem großen Altmeister der deutschen Trainergilde geprägte Satz ist heute noch so aktuell und gültig wie vor 30 Jahren – auch wenn einzelne Spielanalysen die Absolutheit dieser Aussage heute etwas relativieren.
Jeder Zweikampf entscheidet über Ballbesitz oder Ballverlust für die beiden Mannschaften. In jedem Zweikampf steckt ein kleines Stück von der Dramatik und der Spannung des Fußballsports. Im Zweikampf prallen Offensive und Defensive aufeinander. Dabei bilden Technik, Kondition, Taktik, Kampfkraft und Siegeswille die brisante Mischung, die dem Fußballsport seinen besonderen Reiz verleiht. Denn: Nur wer in Ballbesitz ist – und bleibt(!), kann Tore erzielen und damit die Grundlage für den Sieg legen.
Spielanalysen von Roland Loy bei den Fußballweltmeisterschaften 1990 in Italien und 1994 in den USA belegen eindeutig, daß die zweikampfstärksten Mannschaften stets die vorderen Plätze unter sich ausmachen. Eine Untersuchung der Deutschen Sporthochschule Köln konnte bei einer Analyse der WM

1990 nachweisen, daß Tore signifikant häufig dann geschossen werden, wenn eine Mannschaft Zweikämpfe in Serie gewonnen hat und dadurch starken Druck auf den Gegner ausübt. Tore aus sogenannten Kontervorstößen, die so gerne als vorbildhaft dargestellt werden, sind demnach eher selten.

In nationalen und internationalen Spitzenspielen werden heute pro Spiel bis zu 230 Zweikämpfe am Boden und in der Luft gezählt. Statistisch gesehen hat also jeder Spieler pro Spiel mehr als 20 Zweikämpfe zu bestehen. Die Mittelfeldspieler sind dabei mit weit mehr als 30 Boden- und Luftzweikämpfen pro Spiel absolute Spitzenreiter (siehe S. 42).

Ca. 90% der Zweikämpfe finden dabei am Boden statt. Dennoch sind die Kopfballduelle oft spielbestimmend, weil sie zu einem großen Teil in unmittelbarer Tornähe stattfinden und direkt oder indirekt über Torerfolge mitentscheiden.

Die technischen Elemente des Zweikampfes sind der folgenden Übersicht zu entnehmen. Neben der Technik des Kopfstoßes wird für den Angriff vor allem das Dribbling mit seinen zahlreichen technischen Varianten und für die Defensive werden die verschiedenen Formen des Tacklings benötigt.

Kopfballtechnik	
Fintieren	Gleittackling Spreiztackling
Balltreiben	Lauertackling Prelltackling Rempeltackling
Ballführen	Grundtackling
Dribbling	– Tackling
Offensivtechnik	– Defensivtechnik
Zweikampftechnik	

Im Zweikampf finden sich elementare Wesensmerkmale des Fußballsports: Härte, Schnelligkeit, Dynamik, Spannung und manchmal leider auch unfaire Aktionen wie das hier abgebildete »Halten«.

Neben der Beherrschung der jeweils benötigten Technik müssen die Spieler im Zweikampf vor allem auch über geistige und psychische Qualitäten verfügen. Fähigkeiten wie Konzentration, Wahrnehmungsfähigkeit, Mut, Entschlußkraft, Willensstärke, Durchsetzungsvermögen und Selbstsicherheit sind unerläßliche Voraussetzungen für ein erfolgreiches Zweikampfverhalten; und zwar unabhängig davon, ob in der Offensive oder in der Defensive gekämpft wird.

Dieser Tatsache sollten sich vor allem die Trainer bewußt sein. Sie müssen bei ihren Spielern durch entsprechende Führungsmaßnahmen auch diese Fähigkeiten mit entwickeln.

Hier setzt Lothar Matthäus zu einem seiner Traumpässe über 30 bis 40 Meter an. Konzentrierte Aufmerksamkeit und eine ausgefeilte Stoßtechnik gehören dazu.

Die Paß- und Schußtechniken

Die Paß- und Schußtechniken – sie werden auch als Stoßarten bezeichnet – haben innerhalb der Gruppen von technischen Elementen eine eigenständige und herausgehobene Stellung. Das ergibt sich zum einen aufgrund ihrer überragenden Bedeutung für den Erfolg einer Mannschaft, zum anderen aufgrund ihrer großen Ähnlichkeit in ihrem technomotorischen Bewegungsablauf.
Sie sind technisch weniger variabel und deshalb eindeutiger und klarer zu beschreiben als die bisher genannten Techniken.
Fehlerhafte Ausführungen sind besser zu erkennen. Durch Training sind Lernfortschritte schneller erreichbar und diese werden augenfälliger durch die Verbesserung von Präzision und Konstanz der Ausführung.
Letztlich ist damit die Korrektur fehlerhafter Techniken für den Trainer einfacher als bei anderen Techniken. Vermutlich werden Stoßarten auch deshalb – und nicht nur, weil sie in Form von Torschüssen den Spielern immer großen Spaß machen – im Training häufiger geübt als die meisten anderen Techniken.

BEDEUTUNG DER STOSSARTEN

Mit den verschiedenen Stoßarten werden die meisten der bisher beschriebenen Techniken zu einem taktisch sinnvollen Abschluß gebracht.
Stoßarten kommen als Mittel der Abwehr- wie der Angriffstaktik zum Einsatz, so z. B. als Abwehrtechniken in Form von Befreiungsschlägen mit dem Fuß oder dem Kopf. Gute Abwehrstöße sind so präzise, daß sie sofort neue Angriffe einleiten. Insofern gehen Abwehr- und Angriffshandlungen durch die Präzision der Stöße ineinander über.
Im Angriff werden alle Kombinationen mit Hilfe von Stoßarten vorgetragen. Dabei kommen je nach Situation alle bekannten Stoßarten zum Einsatz. Schon der Abschlag und der Abstoß zählen als erste Angriffshandlungen nach der Ballrückgewinnung durch den Torwart dazu.
Eckstöße und Torschüsse gehören mit zu den technisch-taktischen Höhepunkten aller Fußballspiele. Die Sicherheit und Genauigkeit ihrer Ausführung entscheiden am augenfälligsten über Sieg oder Niederlage im Spiel.
Mit den verschiedenen Stoßarten können die unterschiedlichsten taktischen Aufgaben gelöst werden, denn sie unterscheiden sich in einer Reihe von Kriterien, so z. B. in der

- Anflughöhe des Balles,
- Schärfe und Weite,
- Präzision und Konstanz,
- Variation der Flugbahn.

Beispiele:

① Hoch einfliegende Bälle können nur mit sehr riskanten Scherenschlägen aus der Luft abgenommen werden – und das nur, wenn kein Gegenspieler in der Nähe ist. Es bietet sich deshalb an, diese Bälle mit dem Kopf, anstatt in riskanter Weise mit dem Fuß zu spielen.
② Für weite Pässe oder scharfe Torschüsse sind Stöße mit der Innenseite des Fußes weniger gut geeignet als die verschiedenen Varianten des Spannstoßes.

③ Umgekehrt können kurze Pässe mit der Innenseite des Fußes sehr präzise gespielt werden; Innenseitstöße eignen sich deshalb vor allen anderen Techniken für direkte Kombinationen, wie z. B. für Doppelpässe.

④ Die Flugbahn des Balles läßt sich bei Kopfstößen sehr viel variabler steuern als bei Stößen mit dem Fuß. Sogenannte Kopfball-»Aufsetzer« sind für jeden Torwart schwer zu halten.

⑤ Innen- und Außenspannstöße sind hervorragend für Stöße mit Effet geeignet; diese »Hexer« unter den Stoßarten werden deshalb meist bei Freistößen, die um die Abwehrmauer herumgezirkelt werden sollen, eingesetzt.

Bei der Behandlung der einzelnen Stoßarten wird ihre besondere Eignung zur Lösung spezieller taktischer Aufgaben noch einmal gesondert herausgestellt.

TECHNIK DER STOSSARTEN

Alle Stoßarten haben – wie bereits erwähnt – das gleiche technische Grundmuster in ihrem räumlich-zeitlichen und dynamisch-zeitlichen Ablauf. Grob kann man den Ablauf in folgende Bewegungsphasen unterteilen:

- Auftaktphase
- Hauptphase
- Ausschwungphase

Erst durch das wohlkoordinierte Zusammenspiel aller Phasen gelingt eine Stoßart in ihrer Gesamtheit.

In den einzelnen Phasen agieren das Standbein, das Spielbein, die Arme, der Kopf und der Oberkörper in ganz typischer Weise.

Die einzelnen Glieder der Bewegungskette bewegen sich sowohl im zeitlichen Nacheinander (z. B. holt das Spielbein beim Spannstoß zuerst nach

Die 3 Hauptphasen beim Spannstoß: Auftakt-, Haupt- und Ausschwungphase.

VERTIEFUNG

Für Leser, die an biomechanischen (d. h. an sportwissenschaftlichen Feinheiten und an Aktions-/Funktionszusammenhängen interessiert sind, wird nachfolgend ein Vertiefungsexkurs angeboten.

Dabei wird der prinzipielle Phasenverlauf am Beispiel des Vollspannstoßes einmal genauer betrachtet. Die Beschreibung gilt für einen flachen, scharfen Torschuß aus größerer Distanz.

Natürlich ist diese ausführliche biomechanische Beschreibung keine Voraussetzung für das Erlernen des Spannstoßes. Aber sie kann dem interessierten Leser doch einmal exemplarisch die komplizierten koordinativen Zusammenhänge verdeutlichen und mithelfen, daß er seinen Lernprozeß mit Bewußtheit verfolgen kann.

Bei den anderen Stoßarten sieht der Ablauf – wenn auch mit all den noch zu nennenden spezifischen Variationen – ganz ähnlich aus.

Auftaktphase

Körperschwerpunkt: Ist relativ weit vom Ball entfernt.

Standbein: Wird etwa eine Fußbreite neben oder knapp vor dem Ball stemmend auf der ganzen Sohle aufgesetzt.

Funktion: Fixpunkt für die Aktionen des Spielbeines.

Gleichzeitig:

Spielbein: Zuerst schwingt der Oberschenkel aus dem Hüftgelenk, dann mit minimaler Verzögerung zusätzlich der Unterschenkel aus dem Kniegelenk nach hinten in die Gegenrichtung zur Stoßrichtung.

Funktion: Aufbauen eines Beschleunigungsweges für das Spielbein und ebenso wichtig: Vorspannung der Hüftbeuge- und der Kniestreckmuskulatur.

Gleichzeitig:

Spielfuß: Beginnt sich im Sprunggelenk zu strecken und wird zunehmend mehr fixiert.

Funktion: Nur durch die Streckung des Fußgelenkes kann beim Ballkontakt der Fußrist hinter, anstatt unter den Ball gebracht werden. Und: Nur ein straff fixiertes Fußgelenk ermöglicht einen scharfen Schuß (Vermeidung eines Gummiwandeffektes).

Gleichzeitig:

Gegenarm: Schwingt im Ellenbogen mehr oder weniger stark gebeugt gleichfalls nach hinten.

Funktion: Ausgleich zur Schwungmasse des Spielbeines; Vermeidung einer Rotation um die Körperlängsachse durch die Ausholbewegung des Spielbeines. Und: Verstärkung der durch das Schwungbein bereits eingeleiteten Bogenspannung und der Vordehnung der geraden und schrägen Bauchmuskulatur. Und: Mitwirkung bei der Aufrichtung des Oberkörpers.

Hauptphase

Standbein: Beginnt sich vom Sprunggelenk aus federnd zu strecken.

Funktion: Einleitung der Beschleunigung der gesamten Rumpfmasse gegen den Ball.

Gleichzeitig:

Körperschwerpunkt: Schiebt sich in Richtung über den Standfuß und nähert sich dabei zunehmend dem Ball.

Gleichzeitig:

Spielbein: Der Oberschenkel wird durch Kontraktion der Hüftbeugemuskeln beschleunigend aus dem Hüftgelenk nach vorne in Richtung Ball geschwungen; kurz nachdem das Knie die Senkrechte überschritten hat, wird die Vorwärtsbewegung allerdings abrupt gestoppt. (Anmerkung: Als Bewegungsaufgabe bzw. Bewegungsanweisung könnte man auch sagen: »Stoppe die Schußbewegung im Oberschenkel!«)

Funktion: Für den nachfolgend im Kniegelenk vorwärts peitschenden Unterschenkel wird so ein Fixpunkt geschaffen, ohne den die enorme Beschleunigung des Unterschenkels zum Ball nicht möglich wäre. Der Unterschenkel schwingt nach der Fixierung des Oberschenkels durch die schnelle Kontraktion der Kniestreckmuskulatur in einer peitschenartigen Bewegung in Richtung zum Ball. Er setzt dabei die Erstbeschleunigung des Oberschenkels fort und steigert diese um ein Vielfaches.

Spielfuß: Wird in einer Endstellung gestreckt fixiert und trifft den Ball möglichst zentral.

Gleichzeitig:

Der Gegenarm wird schwungvoll nach vorne diagonal vor den Körper geschwungen.

Funktion: Wiederum eine Ausgleichsbewegung gegen die Schwungmasse des Spielbeins und: Der Arm zieht den Oberkörper aus der Bogenspannung mit nach vorne über den Ball.

Ausschwungphase

Standbein: Streckt sich weiter in Richtung Ballweg.

Funktion: Nachdrückliche Beschleunigung des Rumpfes; dadurch kann der Schwerpunkt über den Ball geschoben und die Flugkurve des Balles flach gehalten werden.

Gleichzeitig:

Spielbein: Oberschenkel schwingt jetzt auch wieder im Hüftgelenk nach vorne in Richtung Ball weiter.

Funktion: Peitschbewegung des Unterschenkels wird langsam gedämpft, Überstreckung im Kniegelenk und Verletzungsrisiko werden vermieden. Unterschenkel schwingt sich lockernd im Kniegelenk aus; ebenso der Spielfuß im Sprunggelenk.

hinten aus, dann wird es nach vorne gepeitscht) wie auch gleichzeitig mit oder gegeneinander (z. B. holt der Gegenarm zum Spielbein in der Auftaktphase gleichzeitig ebenfalls nach hinten aus).

Alle sichtbaren Aktionen haben bei genauer Betrachtung auch ganz bestimmte Funktionen. Werden Fehler im sichtbaren Ablauf gemacht, dann hat das auch funktionell nachteilige Konsequenzen. Beispiel: Wenn beim Spannstoß das Standbein zu weit hinter dem Ball postiert wird, dann trifft der vorwärts schwingende Spielfuß den Ball nicht in der Mitte (»Seele des Balles«), sondern er fährt von unten gegen den Ball. Funktionelle Folge: Der Torschuß, der flach geschossen werden sollte, bekommt eine zu steile Flugbahn, der Ball fliegt über das Tor.

Der vorstehend beschriebene und im Bild gezeigte Bewegungsablauf ist das Bewegungsmuster für einen scharfen, flachen Spannstoß. Er ist im Spielgeschehen in unterschiedlichen Variationen zu sehen. So ist bei Schüssen aus kurzer Entfernung die Ausholbewegung kürzer, bei Hüftdrehstößen schwingt das Spielbein in einer eher waagrechten Schwungbahn gegen den Ball. Bei hohen Flanken wird das Sprunggelenk nicht gestreckt, sondern sogar verstärkt gebeugt und der Fuß so unter den Ball gebracht usw.

Trotz dieser Vielfalt an variierenden Bewegungsmustern sollte das Grundmuster erst einmal gut beherrscht werden. Erst dann kann diese Variabilität bewußt »ins Spiel gebracht« werden.

Abgesehen vom Kopfstoß entsprechen alle anderen Stoßarten im Phasenverlauf dem Vollspannstoß. Bei ihrer Beschreibung wird deshalb nur noch auf folgende spezifische Unterschiede verwiesen:

- Eigenheiten der Techniken
  - Position des Standfußes
  - Haltung des Spielbeines
  - Stellung des Spielfußes
  - Trefffläche am Fuß (im Moment der Ballberührung)
- Technikspezifische Fehlerbilder
- Einsatz als Mittel der Taktik
- Spezifische Trainingstips

Der Vollspannstoß in gerader Ausführung (linke Seite) und in schräger Ausführung (rechte Seite).

FORMEN DER STOSSARTEN

Je nach der Trefffläche am Fuß (bzw. am Kopf), mit welcher der Ball beim Paß oder beim Torschuß gespielt wird, sind die nachstehend aufgeführten Stoßarten zu unterscheiden:

Vollspannstoß
Innenspannstoß
Außenspannstoß
Hüftdrehstoß
Scherenschlag
Fallrückzieher
Innenseitstoß
Kopfstoß

Der Vollspannstoß

Der Vollspannstoß ist die ursprünglichste und vom Bewegungsablauf her die natürlichste Stoßart. Er entspricht dem Grundmuster des »Kickens«, das schon kleine Kinder ausführen können.

Wegen der kleinen Trefffläche am Fußrist ist es allerdings schwierig, den Ball mit hoher Konstanz immer präzise zu treffen. Deshalb beherrschen nur wirkliche Könner den Vollspannstoß mit großer Perfektion.

Der Vollspannstoß ist vielseitig verwendbar, sowohl als Technik für das Passen und Zuspielen wie als Torschußtechnik. Mit ihm lassen sich die schärfsten Schüsse und die weitesten Pässe erzielen, weil dabei die größten Muskelmassen zum Einsatz kommen und das Spielbein die längsten Beschleunigungswege durchläuft. Außerdem wird der vom Spieler aufgebrachte Kraftimpuls voll auf den Ball übertragen.

<ins>Technik</ins>

Standfuß: Eine Fußbreite neben dem Ball.

Spielbein: Schwingt nach der Ausholbewegung geradlinig zum Ball.

Spielfuß: Ist im Sprunggelenk gestreckt und fixiert.

Trefffläche: Der Fußrist an der Schnürung des Fußballschuhs.

Typische Fehlerbilder

- Standbein zu weit weg vom Ball.
- Oberkörper in Rücklage statt über dem Körperschwerpunkt und dem Ball.
- Spielbein holt zu wenig aus und ist im Kniegelenk nicht genügend gebeugt.
- Spielfuß ist nicht gestreckt und nicht fixiert.

Einsatz als Mittel der Taktik

Der Vollspannstoß ist besonders geeignet für

- Befreiungsschläge aus der Abwehr,
- weite Pässe aus dem Mittelfeld,
- kurze, verdeckt gespielte Pässe,
- Schüsse aus großen Entfernungen.

Spezielle Trainingstips

- Grundsatz: Die Präzision der Bewegung geht vor Schärfe und Krafteinsatz.
- Auf lockeren, unverkrampften Bewegungsablauf achten.
- Bälle, die von vorne, von hinten und von der Seite ankommen, als Spannstoß schlagen lernen.
- Flache, halbhoch und hoch einfliegende Bälle mit Spannstoß verwandeln.
- Torschüsse zuerst aus dem langsamen, dann aus dem schnellen Lauf und dann mit Gegner üben.
- In Spielformen Schuß-Tabuzonen einführen, so daß aus größeren Entfernungen geschossen werden muß.

Der Innenspannstoß

Der Innenspannstoß ist eine Variante des Spannstoßes, bei welcher der Ball an der Innenseite des Spanns getroffen wird.

Durch die größere Trefffläche können Bälle präziser als mit dem Vollspann geschlagen werden. Durch diese Technik kann der Ball auch mit Effet geschlagen werden. Aus beiden Gründen ist der Innenspannstoß prädestiniert für die Ausführung von Eckstößen und Freistößen. Durch die Außenrotation des Spielbeins kann der Fuß besser unter den Ball gebracht werden. Dadurch eignet sich der Innenspannstoß vor allem für **hohe** Pässe und Flanken.

Der Innenspannstoß, die Technik für Flanken sowie Torschüsse und Pässe mit Effet.

Technik

Standfuß: Wird etwas weiter seitlich und hinter dem Ball aufgesetzt als beim Vollspannstoß; vor allem, wenn der Ball als hohe Flanke geschlagen werden soll.

Spielbein: Wird bereits bei der Ausholbewegung im Hüftgelenk nach außen rotiert; die Rotation verstärkt sich beim Vorschwung.

Rumpf: Wird in der Hauptphase zunehmend mehr zur Seite über das Standbein verlagert.

Spielfuß: Rotiert ebenso wie das gesamte Bein im Sprunggelenk nach außen; Fußsohle wird etwas angehoben, so daß im Moment der Ballberührung eine mittlere Fußstellung zwischen der Position beim Vollspann und beim Innenseitstoß erreicht wird.

Trefffläche: Die Innenkante des Fußristes zwischen Knöchel und Zehengrundgelenk. Soll der Ball mit Effet geschlagen werden, trifft ihn der Fuß etwas weiter seitlich außen; soll er sehr hoch geschlagen werden, dann schaufelt der Fuß von unten gegen den Ball.

Typische Fehlerbilder

- Zu geringe Ausholbewegung.
- Standfuß zu nahe am Ball.
- Oberkörper nicht über den Standfuß verlagert.

Einsatz als Mittel der Taktik

Der Innenspannstoß ist geeignet für
- Flanken und hohe Pässe,
- mit Effet gespielte kurze Pässe,
- Eckstöße und Freistöße.

Spezielle Trainingstips

- Die Variationsmöglichkeiten bezüglich Höhe und Effet kann man nur durch das Üben in Wiederholungsserien erproben und einschleifen.
- Freistöße übt man ebenfalls in Serien, wobei man anstelle einer Abwehrmauer sog. Pappkameraden oder mannshohe Stangen (z.B. Hochsprungständer) aufstellt.
- Das Flanken aus dem schnellen Lauf muß aus unterschiedlichen Winkeln zum Tor zuerst ohne und dann mit Gegenspieler und auch mit dem »falschen« Bein geübt werden.

Seite 89: Der Außenspannstoß eignet sich auch für ein überraschendes, »verdecktes« Abspiel.

Der Außenspannstoß

Der Außenspann ist der »absolute Hexer« unter den Stoßarten. Mit ihm werden völlig überraschend verdeckte Pässe gespielt und es wird aus dem vollen Lauf oft überraschend auf das Tor geschnippelt. Nur gute Techniker beherrschen diesen Stoß so, daß sie damit auch weite Effetbälle und Freistöße schlagen können.

Technik

Standfuß: Steht wie beim Vollspannstoß nahe beim Ball.

Spielbein: Wird schon bei der Ausholbewegung etwas nach innen rotiert und beschreibt beim Vorschwung einen leichten Bogen. Dies vor allem, wenn der Ball mit starkem Effet gespielt werden soll.

Spielfuß: Wird ebenfalls etwas nach innen rotiert und im Fußgelenk mäßig gestreckt.

Trefffläche: Die große Außenseite des Fußes und des Fußristes zwischen den Zehengrundgelenken und dem Außenknöchel .

Typische Fehlerbilder

Können kaum genannt werden, weil diese Stoßart sehr variabel geschlagen und nur grob in ein Schema gepreßt werden kann.

Einsatz als Mittel der Taktik

Der Außenspannstoß eignet sich gut für kurze verdeckte Pässe, die oft noch mit einer Körpertäuschung verbunden werden. Deshalb ist der Außenspannstoß

- ein wirkungsvolles Mittel beim Doppelpaßspiel,
- geeignet für weite Pässe, die mit dem »guten« Bein um einen Gegner herum gezirkelt werden sollen.

Spezielle Trainingstips

Für das Schulen und Verbessern des Außenspannstoßes gelten im Grunde die gleichen Hinweise wie für das Training des Vollspann- und des Innenspannstoßes.

Der Außenspannstoß, die Technik für Torschüsse und weite Pässe mit Effet.

Der Hüftdrehstoß

Der Hüftdrehstoß ist eine spektakuläre Variante des Vollspannstoßes, bei der ein hoch einfliegender Ball möglichst hoch abgenommen und volley gespielt werden kann; er wird in der Abwehr für Befreiungsschläge und im Angriff für Torschüsse eingesetzt.

Technik

Standfuß: Wird so aufgesetzt, daß die Fußspitze in Richtung zwischen Ankunfts- und Abspielrichtung zu stehen kommt.
Spielbein: Wird bogenförmig von unten nach hinten-oben und dann vorwärts geschwungen. Bei der Ballberührung liegt das Spielbein idealerweise fast waagrecht in der Luft.
Spielfuß: Wird wie beim Vollspannstoß gestreckt und fixiert.
Trefffläche: Der Vollspann in nahezu waagrechter Position.

Der Hüftdrehstoß ist eine Variante des Spannstoßes für scharfe Torschüsse und befreiende Pässe aus der Abwehr, wenn der Ball hoch ankommt und keine Zeit zum Annehmen des Balles bleibt.

Typische Fehler

- Der Oberkörper kippt zu wenig zur Seite in eine waagrechte Position über das Standbein. Dadurch blockiert er die bogenförmige Schwungbewegung des Spielbeins.
- Die Ausholbewegung im Spielbein wird zu wenig weiträumig ausgeführt, das Spielbein wird nur nach oben, aber nicht nach hinten-oben geschwungen. Dadurch wird der Stoß zu wenig scharf.
- Die Landung auf dem Boden wird nicht rechtzeitig durch das »Ausfahren« des Stützarmes vorbereitet. Der Spieler landet auf dem Becken.

Einsatz als Mittel der Taktik

- Durch das frühzeitige Abnehmen von hoch einfliegenden Bällen kann man vor dem Gegner in Ballbesitz kommen.
- Dieser taktische Vorteil kann durch das beim Scherenschlag übliche Anlaufen mit Absprung noch verstärkt werden.
- Die Technik ist nicht ohne Risiko, deshalb sollte sie in der Abwehr als Befreiungsschlag nur von technisch perfekten Spielern, die zusätzlich durch Mitspieler abgesichert werden, angewandt werden.

Spezielle Trainingstips

- Das schwierige hohe Anschwingen des Spielbeins mit gleichzeitigem Abtauchen des Oberkörpers kann in Form von »Trockenübungen«, d. h. ohne Ball ausgeführt werden; z. B. als Schußbewegung über einen gebückten Partner.
- Bei Anfängern muß dabei der Trainer eventuell den Oberkörper durch Schulterfassung so lange führen, bis die Spieler das Gefühl für die Bewegung bekommen (taktile Hilfe).
- Das Verwandeln von Flanken mit Hüftdrehstoßtechnik ist besonders schwierig, weil die Flugbahn eines bogenförmig ankommenden Balles so schwer zu berechnen ist. Deshalb:
- Wer ein Meister werden will, der muß diese Technik auch außerhalb des regulären Trainings tausendfach üben. Niemand kann sich darauf verlassen, daß es auch ohne Üben im Spiel klappen wird. Weltklassespieler wie Pele, Maradona und Völler, Klinsmann u. a. haben das getan – und sie wurden nicht zuletzt deshalb zu umjubelten Spitzenspielern.

Variante Scherenschlag

Der Hüftdrehstoß kann auch aus dem Anlaufen und mit einer zusätzlichen Absprungbewegung geschlagen werden; in diesem Fall kommt es häufig zu einer besonderen Variante, dem Scherenschlag. Dabei wird der Ball mit dem Bein geschlagen, mit dem unmittelbar vorher abgesprungen wurde.

Variante Fallrückzieher

Wenn der Ball noch höher einfliegt, dann kann er nur noch mit einem Fallrückzieher geschlagen werden. Dabei dreht der Rücken fast vollständig in die Schußrichtung und der Oberkörper wird nach hinten abgekippt. Dadurch kann das Spielbein über Kopfhöhe zum Ball hochgeschwungen werden.
Die Krönung dieser Technik ist dann konsequenterweise der Fallrückzieher mit Scherenschlag. Dabei wird, wie oben beim Scherenschlag beschrieben, kräftig nach oben abgesprungen. Das Absprungbein wird am Schwungbein vorbei hochgerissen und wird zum Schußbein.

Der Innenseitstoß

Der Innenseitstoß ist die Technik, mit der – als Fußballästhet möchte man sagen leider – der Ball am häufigsten gespielt wird. Durch die unnatürliche – und über lange Sicht auch hüftgelenkschädigende – Außenrotation, die das Spielbein dabei ausführen muß, wirkt das Zuspiel manchmal etwas unbeweglich. Andererseits kann der Spieler beim Innenseitstoß den Ball mit der größten Trefffläche am Fuß spielen, das gibt Sicherheit und Konstanz, vor allem bei direkt gespielten Pässen und Schüssen.

Der Innenseitstoß ist die Technik für plazierte Torschüsse und exakte Pässe über kürzere Entfernungen.

Technik

Standfuß: Steht wie beim Vollspannstoß knapp neben dem Ball; Fußspitze zeigt zum Ziel.

Spielbein: Wird noch ausgeprägter als beim Innenspannstoß nach außen rotiert.

Spielfuß: In dem Moment, in dem der Ball getroffen wird, sollte der Fuß im Vergleich zum Standfuß um 90 Grad nach außen rotiert sein. Die Fußsohle sollte parallel zum Boden gehalten werden. Das Fußgelenk und die gesamte Innenseite des Beins ist muskulär unter größerer Spannung als bei den anderen Stoßarten. Das ist besonders bei Pressschlägen wichtig, um Verletzungen zu vermeiden.

Trefffläche: Die gesamte Innenseite des Fußes vom Knöchel bis zu den Zehen.

Typische Fehlerbilder

- Der Standfuß zeigt nicht in Richtung zum Ziel.
- Das Spielbein wird nicht um 90 Grad nach außen rotiert und
- es schwingt dem Ball zu wenig lange nach und gibt ihm nicht genügend Führung.
- Die Fußspitze wird nicht angezogen, sondern hängt nach unten; dadurch wird die Trefffläche kleiner.
- Das Fußgelenk ist zu wenig fixiert.
- Der Oberkörper ist oft zu weit in Rücklage, dadurch steigt die Flugbahn des Balles oft ungewollt hoch an.

Einsatz als Mittel der Taktik

- Für direkte Kombinationen sind sauber geschlagene Innenspannstöße nach wie vor das wirkungsvollste Rezept, weil damit auch die Schärfe des Zuspiels gut getimt werden kann.
- Auch verdeckte kurze Pässe lassen sich mit der Innenseite wirkungsvoll spielen; z. B. mit dem rechten Fuß Innenseite nach links und umgekehrt.
- Bei hoch und weit einfliegenden Bällen kann die Technik auch für Befreiungsschläge genutzt werden.
- Torschüsse aus kurzen Distanzen, insbesondere, wenn Pässe direkt verwandelt werden sollen (das Überraschungsmoment der direkten Abnahme bereitet dem gegnerischen Torwart meist erheblich mehr Schwierigkeiten als ein scharfer Schuß »mit Ankündigung« nach Ballannahme), sind mit der »sicheren« Innenseite erfolgreicher als mit Spannstößen. Gerd Müller, der seit über 20 Jahren die deutsche Torjägerliste anführt, hat sehr viele seiner bestaunten Tore aus kurzen und mittleren Distanzen mit der Innenseite geschossen.

Spezielle Trainingstips

- Pässe mit der Innenseite schult man am besten in kleinen Parteispielen wie dem 2 gegen 1, dem 3 gegen 1 und 4 gegen 2. Auch das bei den Spielern so beliebte Kreis-Fangballspiel verbindet Technik, Taktik und Spielwitz in spielerischer Form auf ideale Weise.
- Spieler müssen aber auch lernen, den Ball im Entgegenlaufen in einer Mischung aus Zustoppen und Zupassen auf kurze Distanzen gut getimt zu spielen (wichtig für das Gelingen von Doppelpaß-Kombinationen). Diese Technik muß in isolierter Weise bis zur absoluten Perfektion entwickelt werden. Hier hat selbst so mancher Spitzenspieler leider immer noch technische Defizite. Defizite, die ein Profi, der täglich am Ball ist, eigentlich ausmerzen sollte.

Der Kopfstoß

Mit dem Kopf kann der Ball auf unterschiedlichste Art und Weise gespielt werden:

- Im Stand.
- Im Sprung.
- Aus dem geraden Anlauf mit und ohne Absprung.
- Aus dem Lauf mit Absprung und mit Drehung.

In der Regel wird der Ball dabei zwar mit der Stirn getroffen, in prekären Abwehr- oder aussichtsreichen Angriffssituationen wird aber schon auch einmal mit der Schläfe oder dem Hinterkopf gespielt.

Technik

Die Technik des Kopfballspiels ist sehr vielfältig und variabel. Deshalb ist es wenig sinnvoll, sie als Bewegungsstereotyp zu beschreiben, so wie das vorstehend für die Stoßarten mit dem Fuß getan wurde.
Wichtiger ist, daß der Spieler einige Grundsätze beachtet und gute konditionelle und psychische Voraussetzungen für die Technik mitbringt.

Richtig Abspringen!
Wichtige Hinweise zur Sprungtechnik beim Kopfball wurden bereits auf Seite 34 gegeben. Die richtige Sprungtechnik ist neben einem guten Ballgefühl und neben einer gewissen Einsatzbereitschaft eine Grundlage für ein erfolgreiches Kopfballspiel. Vor allem aber darf der Spieler dabei keine Angst vor dem Ball oder vor einem Zusammenstoß mit dem Gegner haben.

Mit dem ganzen Körper zum Ball!
Spieler, die nur mit dem Kopf ängstlich in Richtung Ball stochern, sind besonders anfällig für Verletzungen. Wer sich seinen Gegner dagegen durch vollen Einsatz der gesamten Körpermasse auf Distanz hält, der kann aus der Bogenspannung heraus dann relativ ungefährdet köpfen.

Nacken steif!
Aus Gründen der Verletzungsvorbeugung und um Kopfstöße wirklich als scharfe Schüsse abgeben zu können, muß der Nacken fixiert werden.

Der Kopfstoß aus dem Sprung mit Drehung. Die Technik für hoch ankommende Bälle, die direkt als Torschuß oder als Befreiungsstoß aus der Abwehr gespielt werden müssen, weil der Gegner die Annahme des Balles nicht zuläßt.

Hoch, höher, am höchsten – oder: Eins, zwei, drei – wer kriegt den Ball?

Kinn auf die Brust!

Das ist zwar anatomisch kaum möglich, aber diese Trainerfloskel weist in die richtige Richtung der erfolgreichen Kopfhaltung. Der Ball kann nur dann frontal mit der Stirn geköpft werden, wenn das Kinn (bei fixierter Nackenmuskulatur!) zusätzlich durch Anspannen der vorderen Halsmuskeln nach unten gezogen wird. Vor allem die von den Torhütern gefürchteten Kopfballaufsetzer sind nur mit dieser Technik möglich.

Augen auf!

Beim Kopfball ist es umgekehrt wie beim süßen »Betthupferl« für Kinder. Das Motto heißt hier: »Mund zu – aber Augen auf!« Nur wer den Ball und den Gegner genau im Visier hat, der kann dem Gegner den Ball abjagen und dann zielgenau köpfen.

Typische Fehlerbilder

Alle vorstehend als Forderungen für eine gute Kopfballtechnik genannten Punkte werden von Spielern immer wieder falsch gemacht. Deshalb muß der Spieler zuerst auf folgendes achten:

- Bei Kopfstößen in die Drehung erfolgt die Drehung aus dem ganzen Rumpf und nicht nur aus der Halswirbelsäule. (Der Ex-Dortmunder Kalle Riedle zeigte die richtige Technik sehr oft und war damit erfolgreich.) Dabei dreht der ganze Oberkörper von der Hüfte ab in die Richtung, in die geköpft werden soll.
- Viele Spieler springen zu spät zum Kopfstoß hoch. Als Grundsatz gilt: Wer zuerst springt, der bekommt den Ball! Das setzt allerdings eine gut entwickelte Sprungkraft voraus, die es dem Spieler erlaubt, für einen Moment in der Luft »zu stehen«.
- Der Absprung zum Drehkopfstoß erfolgt oft vom falschen Bein. Bei Kopfstößen nach links sollte mit dem linken, bei Kopfstößen nach rechts mit dem rechten Bein abgesprungen werden. Dadurch unterstützt das hoch schwingende Schwungbein die Drehung des ganzen Rumpfes und blockiert diese nicht.

Einsatz als Mittel der Taktik

Zweikämpfe werden heute vielfach in der Luft gewonnen. Wer sich taktisch und motivational nicht darauf einstellt, der wird sie verlieren. Folgendes ist dabei zu beachten:

- Kopfstöße aus der eigenen Abwehr heraus sollen entweder sehr genau auf einen unbedrängten Mitspieler oder notfalls hoch und weit schräg nach vorne in Richtung zur nächstgelegenen Seitenlinie gespielt werden.
- Kopfstöße auf das gegnerische Tor sollten – wann immer möglich – in Form der gefürchteten Aufsetzer gespielt werden.
- Wenn Kopfstöße auf das gegnerische Tor nicht mehr scharf gespielt werden können oder der Abstand zu groß ist, dann ist ein Kopfballzuspiel zurück zu einem freien Mitspieler oft die bessere Lösung.

Spezielle Trainingstips

- Kinder, deren knöcherne Schädelstrukturen noch nicht völlig ausgehärtet sind, sollten ausschließlich mit der Stirn köpfen, um Schädigungen des Gehirns zu vermeiden. Im Training sollte leichteres Ballmaterial (Gummibälle oder alte Volleybälle) verwendet werden.
- Kopfstöße kommen im Spiel als Befreiungsstöße aus der eigenen Abwehr in Form eines Zuspiels – und dabei oft auch eines kurzen Zustoppens und vor allem auch als Torschuß zum Einsatz. Im Training muß der Kopfstoß deshalb folgerichtig auch in diesen Spielsituationen geübt wer-

den. Dies ist am besten in sogenannten Komplexübungen möglich. Komplexübungen sind eine wirkungsvolle Mischung aus Spielen und Üben. Durch sie können alle Elemente, die für eine gute Kopfballtechnik nötig sind, optimal geschult werden.

- Die konditionellen Voraussetzungen für ein gutes Kopfballspiel können auch am Ballpendel verbessert werden. Es ist deshalb trotz einiger Bedenken von Experten (sie kritisieren die umgekehrte Flugbahn des Balles am Pendel) auch heute noch zu empfehlen. Denn kaum sonst kann mit einer derart hohen Dichte Technik und Kondition gleichzeitig trainiert werden.
- Beim Verwandeln von Flanken mit dem Kopf ist allerdings das Timing, d. h. die exakte Berechnung der Flugbahn des ankommenden Balles, entscheidend. Diese spezielle Form der Koordination von Flugbahn, Anlauf und Zeitpunkt des Absprungs kann tatsächlich nur in ganzheitlichen komplexen Übungsformen trainiert werden. Ein langjähriger Torjäger einer Amateuroberliga hat einmal erklärt, daß er diese Sicherheit nur erreicht habe, weil er im Training über viele Monate pro Woche mehrere hundert Flanken verwandeln durfte.

SPEZIELLE TIPS ZUM TRAINING

Das zuletzt genannte Beispiel zeigt auf positive Weise, daß das vielfach wiederholte Üben von spielentscheidenden Schlüsseltechniken im Training für den Wettkampf Erfolge bringt.
Wichtig ist allerdings, daß das Training aus einer Mischung aus **Spielen – Üben – Spielen** besteht. Der Wettkampf liefert die Rückmeldung, was im Training durch Üben verbessert werden muß. Das isolierte Üben muß im Training aber möglichst schnell in spielerischer Weise in wettkampfnahe Formen übergeleitet werden. Nur so ist sichergestellt, daß die Technik flexibel und variabel bleibt und den Anforderungen des Wettkampfes entspricht.

Ohne Training keine Perfektion!

Richtiges Timing ist eine wesentliche Voraussetzung für das überkopfhohe Abfangen des Balles durch den Torwart.

Die Techniken des Torwarts

GRUNDPOSITION DES TORWARTS

Je nach Spielsituation bezieht der Torwart im und auch vor dem Strafraum unterschiedliche Positionen. Die Taktik des Torwartspiels gibt dazu entsprechende Empfehlungen, die hier nicht näher behandelt werden können.
Wenn hier von Grundposition gesprochen wird, dann ist damit die Lauerstellung gemeint, die der Torwart einnimmt, wenn ein Gegner im Strafraum zum Schuß kommt oder wenn ein Angreifer mit dem Ball am Fuß auf ihn zudribbelt (siehe S. 13). Die folgenden Abbildungen zeigen Christian Holzer, ehemaliger deutscher U 16- und U 18-Nationaltorhüter, in dieser für alle weiteren Aktionen so wichtigen Grundposition.

Der Torwart lauert in typischer Grundposition auf die Aktion des Gegners.

Technik

Füße: Mehr als rumpfbreit geöffnet; mäßig auf die Innenkanten gestellt (Beine haben leichte X-Bein-Position); Fußspitzen zeigen vorwärts; die Hauptbelastung liegt auf den beiden Vorderfüßen.
Gelenke: Die Sprung-, Knie- und Hüftgelenke sind federnd gebeugt, so daß ein Bewegungsspielraum gleichermaßen nach oben wie unten gegeben ist.
Arme: Werden in Hüfthöhe mäßig zur Seite gehalten.
Hände: Werden mit nach vorne geöffneten Handflächen in einer nach oben, nach unten und zur Seite hin fangbereiten Position gehalten.
Oberkörper: Wird mit dem Schwerpunkt nach vorne über den Vorderfuß geschoben. Dadurch wird die Sprungmuskulatur in Vorspannung versetzt und eine optimale Startposition für Sprünge und Sprints in alle Richtungen sichergestellt.

Typische Fehlerbilder

Die Beugung in den Gelenken ist zu stark. Der Fehler ist vor allem dann häufig zu sehen, wenn ein Angreifer mit dem Ball alleine auf den Torwart zuläuft und dieser sich in einer Art Angstreaktion klein macht. Dadurch steht der Torwart zu tief. Als Folge wird das explosive Abspringen behindert, vor allem aber finden Schüsse aus kurzen Distanzen über den Torwart hinweg den Weg ins Tor.
Die Hände werden häufig nicht in der oben genannten fangbereiten Position gehalten.

FANGEN DES BALLES

Die überwiegende Mehrzahl der Bälle, die auf den Torwart zukommen, kann er (auch angesichts der verschärften Rückpaßregel) mit einer oder mit beiden Händen fangen. Dabei wendet er immer eine ähnliche Grundtechnik an.

Die Technik

Arme: Werden dem Ball möglichst weit mit mäßiger Muskelspannung und unverkrampft gestreckt entgegengeführt. Im Moment der Ballberührung weichen sie nach hinten und nehmen so dem Ball Schärfe und Wucht.

Hände: Werden körbchenartig hinter den Ball gebracht; Daumen und Zeigefinger sichern nach hinten, die anderen Finger mehr zur Seite hin ab. Scharfe Bälle werden durch eine Kippbewegung im Handgelenk zusätzlich zur Armbewegung »entschärft«.

Wenn möglich, wird sofort nach dem Zufassen der Ball an den Rumpf gezogen und dort durch ein Umgreifen der Hände gegen das Wegprallen nach vorne und vor Attacken des Gegners abgesichert.

Je nach den unterschiedlichen Ausgangspositionen von Torwart und Ball weist das Fangen zusätzliche spezifische Besonderheiten auf.

Flache, frontal von vorn kommende Bälle

Wie kaum eine andere Technik hat sich im Laufe der Jahre die Art und Weise, wie Torhüter diese Bälle fangen, geändert. Früher wurden sie aufrecht mit gestreckten Knien, später in seitlicher Position mit verdrehtem Oberkörper gefangen. Heute gibt es im wesentlichen zwei unterschiedliche Techniken, die beide, je nach Situation, jeweils ihre ganz speziellen Vor- und Nachteile haben.

Körbchenposition der Hände.

- Der Torwart hechtet (wie einst von Toni Schuhmacher kreiert) dem Ball frontal entgegen und begräbt ihn, in den aufnehmenden Händen haltend, unter dem Körper (siehe Abb. unten).

Diese Technik ist immer dann notwendig, wenn ein Gegenspieler versucht, kurz vor dem Torwart an den Ball zu kommen. Ansonsten ist unserer Meinung nach die folgende Technik (siehe S. 102/103) zu empfehlen.

- Der Torwart steht mit mäßig gegrätschten Beinen in frontaler Position;
  - er dreht ein Bein aus Hüft- und Kniegelenk nach innen (dadurch wird dem Ball der Weg durch die gegrätschten Beine versperrt),
  - er führt die Hände dem Ball entgegen und nimmt ihm zurückweichend die Schärfe.

Bei dieser Technik kann der Torwart auch noch reagieren, wenn der Ball kurz vor ihm aufsetzt und dabei verspringt. Die Gefahr, daß er »über den Ball hinweg« nach vorne hechtet und diesen nicht mehr zu fassen bekommt (wie Oliver Kahn im April 1998 in Bielefeld), ist nicht gegeben und außerdem steht er in einer höheren Position, was aus vielerlei Gründen zweckmäßiger ist.

Flache, direkt neben dem Körper ankommende Bälle

Bälle, die knapp rechts oder links vom Körper flach auf den Torwart zukommen, sind für ihn besonders schwer zu halten, weil das ballnahe Bein das schnelle Abtauchen des Oberkörpers behindert. Technisch ungeschulte oder koordinativ schwache Torhüter können diese Bälle meist nur mit einer Fußabwehr aus der Gefahrenzone schlagen, d.h., der Ball wird dabei nur destruktiv abgewehrt.

Ballsicherung am Körper.

Das Fangen und Aufnehmen eines flachen Balles in knieender Position wird heute vielfach praktiziert.

Beim Fangen eines scharfen, flachen Balles knapp neben dem Körper muß das nähere Bein blitzschnell vom Boden gelöst werden.

Die Technik für diese schwierig zu lösende Aufgabe wird in der Bildreihe auf Seite 102/103 unten dargestellt. Auf folgende Einzelheiten ist bei der Schulung im Training zu achten:
Das **ballnahe Bein** wird so schnell als möglich vor dem entfernteren (Stand-) Bein hochgerissen. So verliert es die Stützfunktion für den Rumpf, dadurch kann der Oberkörper auf kürzestem Weg zum Ball abtauchen.
Die **ballnahe Hand** greift auf direktem Weg sichernd hinter den Ball, die Gegenhand sichert den Ball von vorne ab.

Überkopfhohe, sprunghohe Bälle

Durch die taktisch bedingte personelle Verdichtung im Strafraum werden immer häufiger von außerhalb hohe Schüsse und Flanken auf und vor das Tor geschlagen. Diese Bälle muß der Torwart nicht selten im Luftkampf mit den Angreifern durch eine geschickte Sprung- und Fangtechnik abfangen. Dabei ist es wichtig, daß er so früh und so hoch als möglich an den Ball kommt, denn nur durch die Reichweite seiner Arme kann er sich gegenüber den Angreifern den entscheidenden Vorteil verschaffen. Für den Erfolg ist dabei vor allem der frühzeitige und technisch gute Absprung wesentlich.
Die Bildreihen auf den Seiten 104–107 zeigen das Fangen in Tornähe und das Abfangen hoher Flanken im Strafraum. Aus diesen beiden Aktionen werden folgende technische Besonderheiten deutlich:

- Der **Absprung** sollte möglichst aus dem Lauf von **einem** Bein erfolgen. Dadurch kann das andere Bein als Schwungbein nach vorne hochgerissen werden.
- Das **Schwungbein** hat für den Torwart nicht zuletzt auch eine wichtige Schutzfunktion. Es ist im Luftkampf eine Art Schutzschild für den – durch die hochgezogenen Arme – ungeschützten Rumpf gegen die häufig allzu stürmisch attackierenden gegnerischen Angreifer.

Beim Absprung wird das Schwungbein hochgerissen und in die Bogenspannung zurückgeführt.

Beim Herauslaufen zum Abfangen einer Flanke sollte immer mit dem tornäheren Bein abgesprungen werden. Dadurch kann das Schwungbein seine Schutzfunktion am wirkungsvollsten erfüllen. Außerdem kann es bei der Landung den Körper besser abfangen, als dies das tornähere Bein vermag.

Links:
Nahe dem Tor.

Rechts:
Im Strafraum mit Gegner.

Das Abfangen einer Flanke: Anlauf, Absprung vom tornahen Bein, Schwungbein und Arme hoch, zupacken und festhalten – und dann federnd landen.

FAUSTEN DES BALLES

Wenn die Gefahr besteht, daß der Torwart den Ball nicht sicher fangen kann, dann versucht er, den Ball aus der Gefahrenzone im Strafraum oder aus den Torecken heraus zu fausten.
Das Fausten sollte nicht übertrieben und auf folgende Situationen beschränkt werden:

- Ball und Boden sind naß, das Festhalten und Sichern des Balles ist zu riskant.
- Beim Sprung zum Ball wird der Torwart von mehreren Spielern bedrängt, die Zeit zum ungestörten Fangen und Sichern des Balles ist zu kurz.
- Der Ball kommt aus kurzer Entfernung sehr scharf direkt auf den Torwart zu, so daß er die Arme nur noch hochreißen, aber die Hände nicht mehr fangbereit hinter den Ball bringen kann.
- Der Ball kommt sehr scharf in eine entfernte Ecke des Tores; es besteht die Gefahr, daß der Torwart den Ball nicht mehr mit der flachen Hand (siehe Abb. S. 109) um den Pfosten lenken kann, weil die Finger durch die Schärfe des Schusses umgebogen würden.

Fausten mit einer oder zwei Händen. Immer stoßen die Arme von der Brust aus geradlinig zum Ball.

Technik

Grundsätzlich kann der Ball mit einer oder mit zwei Händen gefaustet werden.
Ein frontal auf den Torwart zufliegender Ball wird in aller Regel mit zwei Händen gefaustet; Bälle, die weit seitlich vom Torwart ankommen, sind dagegen leichter mit einer Faust zu erreichen.
Arme: Werden zuerst gebeugt, so daß die Fäuste von der Brust weg mit Wucht zum Ball geboxt werden können.
Hände: Werden zur Faust geballt.
Trefffläche: Die breite Fingerfläche der Faust; beim beidarmigen Fausten liegen diese Flächen direkt nebeneinander und bilden so eine deutlich vergrößerte Trefffläche (siehe Abb. links).

Beim einarmigen Fausten aus dem Sprung mit Anlauf werden Bälle von links mit dem linken Arm, Bälle von rechts mit dem rechten Arm gefaustet.

ABLENKEN MIT DER FLACHEN HAND

Einen Ball, der knapp unter die Querlatte oder unmittelbar neben den Pfosten geschossen wird, kann der Torwart – wenn der Ball nicht zu scharf ist – eventuell noch mit der flachen Hand über die Querlatte oder um den Pfosten herum lenken. Die flache Hand hat gegenüber der geballten Faust einen zwar geringen – gelegentlich aber entscheidenden Vorteil an Reichweite. Damit lassen sich die wirklich letzten Zentimeter aus dem zum Ball gestreckten Arm herausholen.

HECHTEN UND LANDEN

Flache oder hohe Bälle, die auf der Torlinie nicht aus der Grundposition heraus gehalten werden können, muß der Torwart anhechten, um in Ballnähe zu kommen.
So spektakulär dabei die Flugphase für den Zuschauer ist, so prekär ist für den Torwart vor allem bei hohen Hechtsprüngen die **Landung.** Deshalb zeigt die Bildreihe auf Seite 110/111 unten auch die wichtigen weiteren Phasen nach der ersten Bodenberührung.
Auf die Schlüsselstellen der beiden Techniken wird nachfolgend näher eingegangen.

Technik des Absprungs
Absprungbein: Ist immer das dem Ball nähere Bein. Unterschiedlich ist die Art, wie es zum Einsatz gebracht wird.
Bei Schüssen aus kurzer Entfernung, bei denen nur Bruchteile von Sekunden zum Absprung bleiben, führt der Torwart häufig einen **seitlichen Nachstellschritt** aus, um noch näher an den Ball zu kommen und um im Absprungbein die nötige Vorspannung aufzubauen.

Mit der offenen Hand kann der Ball um den Torpfosten oder über die Torlatte gelenkt werden.

Bei Schüssen aus größerer Entfernung, bei denen dem Torwart etwas mehr Zeit zum Absprung bleibt, macht er häufig einen Kreuzschritt (siehe Bildreihe Seite 110/111 oben) in Richtung zum Ball.
Rumpf: wird pfeilartig, auf kürzestem Weg in Richtung zum Ball katapultiert. Im Idealfall macht sich der Körper lang und länger – genauso wie Christian Holzer dies in unserer Bildreihe auf Seite 110/111 glänzend demonstriert.
Arm: Ist mit der größten Reichweite zum Ball immer der ballnähere Arm. Deshalb sollte der Torwart Bälle, die auf seine linke Ecke kommen, zuerst mit der linken Hand fangen, fausten und ablenken – und umgekehrt. Die jeweils gegenüberliegende Hand wird dann zur Sicherung des Balles mit herangezogen.

Das Hechten zum Ball: Zuerst mit schnellem Kreuzschritt Raum gewinnen, dynamisch wegschnellen, ganz lang machen – und den Ball mit den Fingerspitzen um den Pfosten lenken. Dann ...

... die Landung vorbereiten: Den Arm ausfahren, abstützen über Hand und Unterarm –
und durch Abrollen die Dynamik abfangen.

Technik der Landung

Die Landung wird idealerweise so ausgeführt, daß der Blick zum Spielfeld nicht verlorengeht. Das ist vor allem wichtig, wenn der Ball nicht gefangen oder ins Toraus abgelenkt werden kann, sondern wenn er ins Spielfeld zurückprallt. Dann muß der Torwart mit Blick zum Ball möglichst rasch wieder einsatzklar sein.

Die Landung beim Hechten nach flachen Bällen erfolgt deshalb auf der linken oder rechten Körperseite und keinesfalls auf dem Bauch.

Die Landung beim Hechten nach hohen Bällen ist technisch besonders schwierig, weil dabei hohe, auf den Torwart einwirkende Kräfte abgepuffert werden müssen. Wenn es der Torwart schafft, zuerst mit dem Absprungbein Bodenkontakt herzustellen, dann kann er sich über die Bewegungskette »Fuß – Unterschenkel – Oberschenkel – Rumpf und Arme« dosiert abfangen. Wenn die Flugbahn allerdings sehr weit geht, dann wird der Torwart zuerst mit einer Hand bzw. mit dem in beiden Händen gehaltenen Ball aufsetzen (siehe Bildreihe auf Seite 110/111 unten). In diesem Fall muß der Körper die beim Absprung aufgenommene Energie nach der Landung meist durch ein Abrollen um die Längsachse abbauen.

Zurückkommen in die Grundposition

Besonders beim Hechten mit Abrollen, aber auch in allen anderen Fällen, in denen der Torwart zu Boden muß, ist es wichtig, daß er ohne Benutzung der Hände – diese sollten sofort wieder fangbereit sein – blitzschnell zurück in den Stand, d.h. in die Grundposition kommt. Das gelingt durch Einsatz der gesamten Rumpfmuskulatur, die zuerst den Oberkörper zum Rumpf und dann den gesamten Körper über die Beine und in die Grundposition bringt.

Diese spezifische Fähigkeit – von einer gesonderten Technik kann man dabei gar nicht sprechen – des Aufrichtens ohne Armunterstützung muß im Training unbedingt gesondert trainiert werden. Sie muß dem Torwart in Fleisch und Blut übergehen, so daß er beim Aufrichten Arme und Hände grundsätzlich nicht mehr benutzt.

Der Zweikampf Torwart gegen Stürmer: lauern, tiefgehen, hechten und den Ball abfangen.

ABBLOCKEN BEIM DRIBBLING

Das Abblocken und Abdrängen eines dribbelnden Angreifers wird idealerweise gekoppelt mit dem Abfangen des Balles vom Bein des Dribblers (siehe Bildreihe unten).

Technik

Die Grundposition ist tiefer und geduckter als üblich. Die Beine sind dabei noch mehr als sonst in die X-Bein-Position gestellt. Das Körpergewicht wird fast ausschließlich auf die beiden Vorderfüße verlagert, um noch besser in alle Richtungen reagieren und vor allem auch wegstarten zu können. Denn nicht selten versuchen die Angreifer, den Torwart in weitem Bogen zu umlaufen.

Immer dann, wenn der Gegner mit dem Ball am Fuß zu einer Aktion ansetzt, sollte der Torwart in der Grundposition mit dem ganzen Gewicht auf beiden Vorderfüßen stehen. Aus dieser Position heraus kann er am wirkungsvollsten reagieren.

Eine vorausgehende Täuschung leitet schließlich den Angriff auf den dribbelnden Gegner ein. Damit soll der Gegner zu einer überhasteten und falschen Aktion verleitet werden, und die anschließende Attacke auf den Ballbesitzer wird muskulär gut vorbereitet.

Arme und Hände: Tauchen, dem Oberkörper vorauseilend, auf kürzestem Weg zum Ball. Dabei werden sie übereinander gehalten, so daß der Ball auch blockiert wird, wenn der Spieler versucht, über die Hand hinweg ins Tor zu spielen. Bei Beginn der Aktion werden die Arme gerade so weit gestreckt, daß die Oberarme den Kopf noch schützend mit abschirmen. Zwischen den schützenden Armen hindurch kann der Torwart dabei den Ball und den Spielfuß des Gegners gut im Auge behalten.

Rumpf: Wird im letzten Moment des Eingreifens möglichst quer und breit vor den Ball geworfen. Dabei klappen Oberkörper und Beine in Richtung Ball zusammen. So wird der Aktionswinkel des Ballbesitzers weiter eingeschränkt und die eigene Chance zur Ballerobe-rung verbessert.

Koordinationstraining einmal anders: Am hoch aufgehängten Ballpendel übt der Spieler akrobatische Scherenschläge und dabei gleichzeitig das dosierte Landen nach dem Sprung.

Das Technik- und Koordinationstraining

Der Fußball im mitteleuropäischen Raum wird künftig zunehmend mehr darunter zu leiden haben, daß sich die fußballspielenden Kinder im freien Spiel- und Bewegungsleben immer weniger sportlich betätigen. Vor allem der Straßenfußball, bei dem neben der fußballspezifischen Technik auch andere koordinationsfördernde Elemente entwickelt werden, ist aus unterschiedlichen Gründen vom Aussterben bedroht.

Die dadurch entstehenden koordinativen Defizite versuchen fortschrittliche Vereinstrainer durch ein gezieltes Koordinationstraining aufzufangen. In diesem abschließenden Kapitel werden deshalb für den interessierten Leser dazu noch einige wichtige Hinweise gegeben.

Zwischen der speziellen Technik und der allgemeinen Koordination bestehen enge Wechselwirkungen. Durch eine Verbesserung der allgemeinen Koordination wird die Basis für die spezielle Koordination, die sich in der technischen Fertigkeit zeigt, verbessert. Und umgekehrt wird durch jegliches Neulernen von spezifischen Techniken die allgemeine Koordinationsfähigkeit optimiert. Daraus erklärt sich, daß Sportler, die bereits eine Vielzahl unterschiedlicher Techniken von verschiedenen Sportarten beherrschen, sich in ungewohnten Situationen des Alltagslebens (z. B. in Unfallsituationen) und auch beim Neulernen von anderen Sportarten (Tennis, Golf) meist sehr viel gewandter und geschickter anstellen als Nichtsportler.

Dabei vollzieht sich das Neulernen von Techniken schneller und präziser als bei Nichtsportlern.

ÜBUNGSFORMEN MIT BALL ZUR VERBESSERUNG VON KOORDINATIVEN TEILFÄHIGKEITEN

Die komplexe Koordinationsfähigkeit basiert auf einer Reihe von (koordinativen) Teilfähigkeiten. Diese stehen z.T. in enger, sich beeinflussender Wechselbeziehung zueinander, sie können sich aber auch völlig unabhängig voneinander entwickeln. Aber sie sind alle mehr oder weniger gut trainierbar! Weil sich Defizite in einzelnen Teilfähigkeiten in aller Regel negativ auf die Gesamtkoordination auswirken, sollten sie durch ein gezieltes Training und durch geeignete Maßnahmen und Hinweise systematisch verbessert werden.

Dabei kann es nicht das Koordinationstraining geben, sondern die Koordination muß durch eine Vielzahl unterschiedlicher Übungs- und Spielformen mit jeweils spezifischen Teilzielen verbessert werden.

Die auf den folgenden Seiten vorgestellten Übungs- und Spielformen können nur als Beispiel dienen. Sie sollen dazu anregen, selbst weitere neue Trainingsformen zu entwickeln.

- *Training der Reaktionsfähigkeit*

Spielformen mit nur zwei/einem Ballkontakt; Spiele mit mehreren (auch unterschiedlichen) Bällen gleichzeitig; Übungsformen mit Tempodruck, dabei wird ein Spieler von mehreren Mitspielern in schneller Folge und auf unterschiedliche Weise angespielt; er muß den Ball schnell reagierend, präzise zurückspielen.

Spielerisches Koordinationstraining in der Gruppe: Bälle hochwerfen, schnell eine Rolle vorwärts oder rückwärts und wieder aufspringen. Dann die Bälle in die Bewegung an- und mitnehmen.

● *Räumliche Orientierungsfähigkeit*
Bei Technikübungen (Passen, Ballmitnahme) zusätzliche Aktionen wie Drehungen um die Längsachse, Sprünge mit Drehungen, Rollen vorwärts/rückwärts/seitwärts mit einbauen.

● *Koppelungsfähigkeit*
In Übungsformen zunehmend mehrere unterschiedliche Techniken aneinanderreihen; in balltechnischen Übungen ganzkörperliche Elemente mit einstreuen (Rollen, Sprünge); Ballführen und Dribbeln unter Verwendung beider Füße – siehe dazu die Übungen von Wiel Coerver, Seite 68.

● *Gleichgewichtsfähigkeit*
Auf einem Fuß hüpfen und dabei den Ball führen/passen/schießen; mit beiden oder einem Fuß auf dem Ball balancieren; im Hallentraining Ballführen auf einer Langbank.

● *Differenzierungsfähigkeit*
Mit unterschiedlich großen/schweren Bällen trainieren; Bälle unterschiedlich stark aufpumpen; Ballführen auf leicht geneigten Flächen bergauf und bergab; Teilnahme an Beachfußball-Turnieren mit ihrem ungewohnten Bodenbelag.

● *Rhythmusfähigkeit*
Ballführen links und rechts im rhythmischen Wechsel; auch um Stangen oder über Linien; Finten (z. B. Übersteiger) mehrfach hintereinander üben; im Lauf vorwärts oder rückwärts den Ball mit der Sohle im Wechsel von rechts nach links und umgekehrt ziehen.

● *Antizipationsfähigkeit*
Spielen, Spielen, Spielen! Spielen in allen Variationen, mit wechselndem Regelwerk (Provokationsregeln!) und in unterschiedlich großen Feldern. Dabei vorausschauend denken und handeln (Spiel ohne Ball!).

● *Fähigkeit zum Timing*
Pässe (flach und hoch) zwischen zwei weit voneinander postierte Spieler schlagen. Diese müssen zum Ball starten und diesen vor dem Gegner erobern und die Aktion mit Anschlußhandlung abschließen. Flanken vor das Tor schlagen und dort verwerten lassen – dabei die Entfernung, den Ort des Zuspiels, die Schärfe und die Flugbahn des Balles (hoch, halbhoch, mit und ohne Effet) systematisch verändern.

● *Fähigkeit zum peripheren Sehen*
Angriffsspieler auffordern, möglichst oft in den Rücken von Abwehrspielern freizulaufen; von ballbesitzenden Spielern fordern, daß sie auch verdeckte Mitspieler anspielen; auch im Training immer wieder auf Großfeld spielen.

● *Motorische Speicherfähigkeit*
Beim Techniktraining systematische Beobachtungsschulung betreiben, vor allem junge Spieler sollen immer wieder die Schlüsselstellen von Techniken beobachten; neue Tricks zeigen und sofort ohne weitere Erklärungen nachmachen lassen; Tricks der großen Fußballstars nachahmen; die Spieler sollen sich gegenseitig in ihrem typischen Lauf- und Spielverhalten imitieren und auf diese Weise scharf beobachten lernen.

METHODISCHE MASSNAHMEN

Neben der gezielten Verbesserung der koordinativen Teilfähigkeiten können die koordinativen Fähigkeiten noch durch die folgenden methodischen Maßnahmen optimiert werden.

- *Immer wieder neue Techniken/ Finten trainieren*

Spieler und Trainer sollten die Spiele der »Großen« als Vorbild und Lehrmeister nehmen und alle dort gezeigten neuen Technikvarianten sofort im Training erproben.

- *Auf Beidbeinigkeit achten*

In allen Spiel- und Übungsformen sollte entweder gezielt mit dem rechten oder linken Bein gearbeitet werden; bei Taktikformen und im Trainingsspiel sollten die Spieler immer mit dem zweckmäßigsten – nicht mit ihrem besseren – Bein spielen.

- *Veränderung der Bewegungsdynamik*

Alle Technikformen sollten zur Steigerung der Anforderungen immer mehr aus hohem und höchstem Lauftempo, in Verbindung mit Richtungswechsel und aus dem Sprung (nicht nur Kopfballtechniken!) geübt werden.

- *Räumliche Bedingungen verändern*

Mit vielen Spielern auf engem Raum (10:10 auf ein Tor im halben Spielfeld) oder mit wenigen auf großem Feld spielen; auch Spielformen unter Beachtung von Tabuzonen (durch die nicht gelaufen, gedribbelt und gepaßt werden darf) durchführen.

- *Informationsaufnahme variieren*

Ballführen mit Blick nach oben (oder kurzfristig mit geschlossenen Augen); mit Turnschuhen oder barfuß spielen lassen.

- *Komplexität von Trainingsformen steigern*

Beim Torschußtraining die Ballmitnahme und das Dribbling dem eigentlichen Torabschluß vorausschalten.

- *Training bei schwierigen Umweltverhältnissen*

Bei schwierigen Umweltverhältnissen, wie sie vor allem im Winter auftreten (Eis, Schnee, starker Wind, usw.), sollte das Training bewußt auch im Sinne von Koordinationstraining durchgeführt werden.

- *Unter Zeit-, Präzisions- und Gegnerdruck üben*

Hohe Wiederholungszahlen (mit präziser Ausführung!) in kurzer Zeit fordern; den Übenden je nach Leistungsstand von einem oder auch mehreren aktiven Gegenspielern voll unter Druck setzen lassen.

- *Mit unterschiedlichen Bällen trainieren*

Vom (alten) Tennisball bis zum Volleyball eignen sich (vor allem im Nachwuchsbereich) alle Bälle für diese Zielsetzung; die verschiedenartigen Bälle können laufend oder auf Zuruf des Trainern von Spieler zu Spieler durchgewechselt werden.

- *Psychische Belastung erhöhen*

Bei Übungsformen die erfolgreichen Aktionen und die fehlerhaften mitzählen; Spielformen in wettkampfnaher Form (Härte!) und mit Belohnungen für die Sieger (Verlierer zahlen ein Getränk!) durchführen.

Nicht zuletzt: Im Leistungstraining sollte das *Techniktraining gelegentlich auch in ermüdetem Zustand* – also nach einem Konditionsblock – durchgeführt werden. Dabei sollten die Spieler auf die spezifische Zielsetzung hingewiesen und zu besonders präziser Bewegungsausführung angehalten werden.

ÜBUNGSFORMEN OHNE BALL ZUR SCHULUNG DER »SCHNELLEN BEINARBEIT«

Die Fähigkeit, auf engstem Raum unter dem Druck von attackierenden Gegenspielern blitzschnell mit und ohne Ball agieren zu können, wird im modernen Fußballsport immer wichtiger. Christoph Daum hat dies in einem Interview, das kurz vor der Fußballweltmeisterschaft 1998 veröffentlicht wurde, wie folgt ausgedrückt: »Von Weltmeisterschaft zu Weltmeisterschaft sieht man, daß alles viel schneller und auf engerem Raum beherrscht werden muß«.
Eine wesentliche Voraussetzung zur Beherrschung der Spielsituationen auf engem Raum und unter Zeitdruck ist die schnelle Beinarbeit. Sie ermöglicht die Beherrschung von Körper und Ball und das schnellstmögliche Reagieren auf wechselnde Spielsituationen.
Dieser Erkenntnis folgend, bemühen sich Trainer und Spieler seit jeher, die stakkatoartige, schnelle Beinarbeit zu verbessern. Wiel Coerver verbessert die schnelle Beinarbeit in seinem Programm mit Ball. In seine Übungen zur Ballführung (siehe S. 68) baut er immer wieder schnelle Zwischenkicks ein. Dabei wird der Ball im schnellstmöglichen Wechsel zwischen den auf den Vorderfüßen tänzelnden Beinen hin und her gespielt.
Seit jeher gibt es daneben immer wieder Versuche, diese Koordinationsfähigkeit der Beine durch Übungsformen ohne Ball zu optimieren. Schon vor ca. 20 Jahren hat man in England Übungsformen entwickelt, bei denen die Spieler entlang einer in 10–20 cm Höhe gespannten Schnur ein- und beidbeinige Wechselsprünge und Sprungläufe absolvierten.
Seit etwa 1995 haben Menze/Rauin/Schreiner, die bei Schalke 04 für die Ausbildung der Juniorenmannschaften Verantwortung tragen, ein eigenständiges Koordinationstraining entwickelt und in verschiedenen Medien publiziert. Es besteht aus einer Mischung von Übungsformen mit und ohne Ball. Die Grundprinzipien dieses Trainings ohne Ball werden nachfolgend auszugsweise (siehe BDFL-Journal 14/1997) dargelegt.

Jonglieren mit unterschiedlich großen und schweren Bällen im ständigen Wechsel.

Schulung der schnellen Beinarbeit im Parcours von Minihürden: Stangenabstand ca. 50–60 cm. Im Wechsel laufen und hüpfen vorwärts, seitwärts und rückwärts mit unterschiedlichen Zusatzaufgaben.

Prinzipien

1. In wechselnden Parcours, bestehend aus 5–15 cm hohen Übungshürden, am Boden liegenden Stangen, Gymnastikreifen, Hütchen und Begrenzungsstangen führen die Spieler bestimmte Laufprogramme aus (Beispiele zur Anordnung siehe Abb. unten).

2. Die Parcours werden mit einfachen, aber wechselnden und möglichst schnellen Schrittfolgen durchlaufen oder übersprungen (Beispiel siehe rechts).

3. Die eigentliche Koordinationsschulung erfolgt durch die schnelle Schritt-/ Sprungfolge und durch die häufig wechselnde Übungsanordnung, die eine hohe Konzentration und eine präzise Übungsausführung erfordern.

Beispiel für eine Nutzung des Parcours 2

1. Durchlaufen der Stangenfolge mit normalen Laufschritten und einem Kontakt pro Zwischenraum.
2. Wie oben, aber zwei Kontakte pro Zwischenraum. Im Wechsel mit linkem oder rechtem Bein beginnen.
3. Wie oben, aber mit beidbeinigen Prellsprüngen.
4. Wie oben, aber im Raum zwischen den vier Hürden mit schnellen Sidesteps um die seitlich postierten Stangen bzw. Hütchen laufen.
5. Wie oben, aber rücklings-rückwärts laufen oder springen.
6. Wie oben, aber seitwärts laufen.
7. Schließlich: Die oben gebrachten Beispiele in der ersten und zweiten Stangenfolge beliebig wechseln.

Letztlich muß sowohl beim Koordinationstraining mit Ball wie auch ohne Ball beachtet werden, daß die Übungen nur dann sinnvoll ins Training aufgenommen werden können, wenn die Spieler gut aufgewärmt, aber noch nicht ermüdet sind.

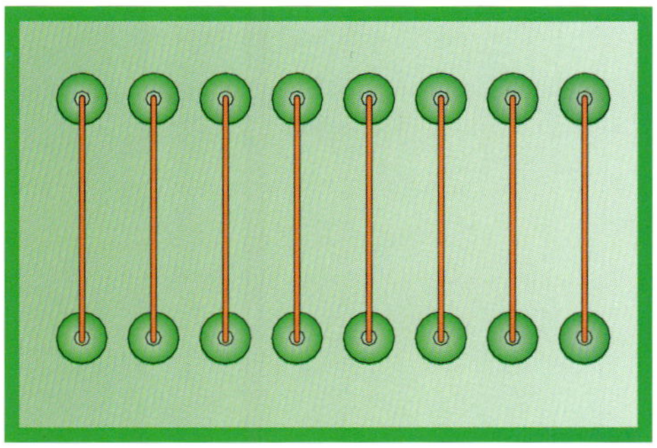

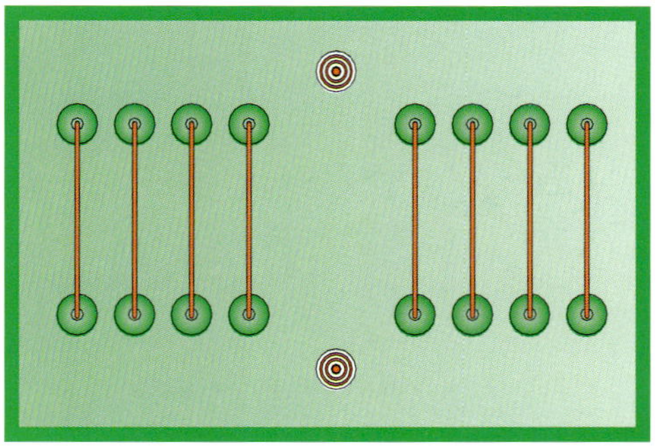

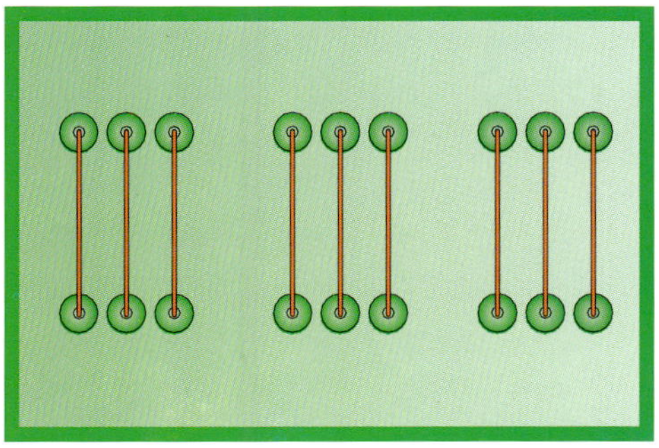

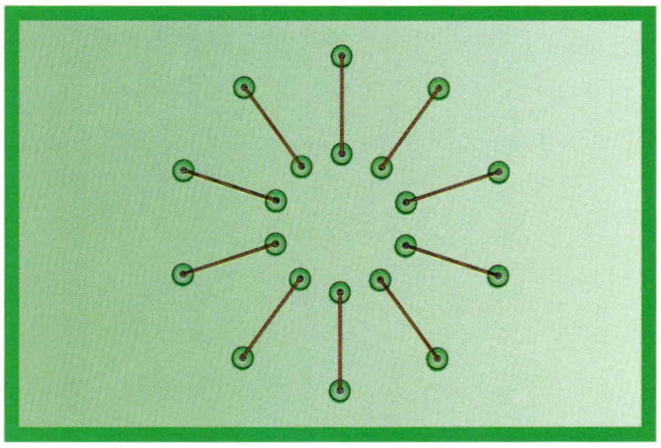

KLEINE SPIELE ZUR SCHULUNG VON TECHNISCHEN FERTIGKEITEN UND KOORDINATIVEN FÄHIGKEITEN

Nach wie vor machen kleine Spielformen den Spielern im Training am meisten Spaß. »**Kleine Spiele**« – sie werden in der Sprache der Fußballtrainer auch als »**Parteispiele**« bezeichnet – sind die komplexeste und gleichzeitig die freudvollste Art, um die technischen Elemente des Fußballspiels und gleichermaßen die koordinativen Fähigkeiten zu trainieren.

BEDEUTUNG DER KLEINEN SPIELE

Jeder Trainer sollte über einen reichen Fundus an kleinen Spielen verfügen, denn diese haben im Vergleich zu reinen Ballübungen und vor allem auch gegenüber den Übungen ohne Ball sehr viele Vorteile für die tägliche Trainingsarbeit:

- Sie haben u. a. einen stark motivierenden Aufforderungscharakter; jeder echte Spieler ist dabei immer mit Feuereifer bei der Sache.
- Durch die Vielzahl unterschiedlicher Spielformen kann das Training abwechslungsreicher gestaltet werden.
- Sie schulen und verbessern in komplexer Weise technische Elemente, die konditionellen Fähigkeiten und die taktische Handlungsfähigkeit.
- Durch die Vielfalt der Formen und die wechselnden Spielregeln werden vor allem die koordinativen Fähigkeiten, wie die Umstellungs- und Anpassungsfähigkeit sowie die Kreativität und der Spielwitz, entwickelt.
- Ihr Regelwerk ist variabel und kann damit an Faktoren wie Leistungsstärke und Gruppengröße angepaßt werden.
- Durch spezielle Provokations- und Korrekturregeln (z.B. nur ein oder zwei Ballkontakte, Torschüsse nur mit Direktabnahme als Volleyschuß oder mit dem Kopf) können bestimmte technische oder taktische Aktionen verstärkt provoziert und damit gezielt trainiert werden.

Kreisballspiele

Spielformen, bei denen die Spieler in Kreisformation aufgestellt sind und dabei bestimmte technische Aufgabenstellungen und Kunststücke ausführen, haben eine sehr lange Tradition und zählen bei den Spielern mit zu den beliebtesten Spielen.

Kreisfangspiel
5 bis 8 Spieler bilden einen Kreis, zwei Spieler sind als Balljäger in der Mitte. Nach Vereinbarung dürfen die Spieler sich den Ball entweder mit zwei Ballkontakten (Anfänger) oder nur mit einer Ballberührung (Fortgeschrittene) zuspielen. Die Jäger werden ausgewechselt, wenn sie entweder den Ball nur berühren oder wenn sie ihn sicher in Besitz nehmen. In der Regel wird der Jäger ausgewechselt, der am längsten im Spiel ist.

Balljonglieren im Kreis
Dieses Spiel hat in vielen asiatischen Staaten eine mehr als tausendjährige Tradition. Als »Kemari« wird es heute noch in Japan als Spiel mit kultischem Beiwerk und in prachtvoller Bekleidung zur Verehrung der fruchtspendenden Sonne betrieben. In weniger hintergründiger und aufwendiger Form hat dieses Spiel auch bei uns nach wie vor viele Anhänger.

Dabei versuchen die im Kreis postierten Spieler, den Ball, den sie sich abwechselnd zuspielen, möglichst lange in der Luft zu halten, ohne daß er den Boden berührt. Die Technik der Ballannahme und des Abspiels (z.B. nur mit dem Kopf) kann dabei freigegeben oder exakt festgelegt werden.

Spieler, die den Ball zu Boden fallen lassen, erhalten Minuspunkte. Dabei kann festgelegt werden, daß man mit einer bestimmten Zahl von Minuspunkten aus der laufenden Spielrunde ausscheidet.

Fußballtennis

Nicht erst seit dem deutschen Boris-Becker-Boom sind tennisartige Fußballspiele ein Renner im Fußballtraining. Vor allem am Ende einer Spielsaison, bei großer Hitze oder auch beim Hallentraining haben sie ihren festen Platz im Trainingsprogramm.

Durch Fußballtennis wird vor allem das präzise und gut getimte Abspiel mit der Innenseite des Fußes und dem Vollspann verbessert, aber auch die Antizipation, die Reaktion und die allgemeine Gewandtheit kommen dabei nicht zu kurz.

Ein großer Vorteil ist, daß Fußballtennis mit großer Variabilität betrieben werden kann. Durch einfachste organisatorische Abänderungen kann man das Fußballtennis der Gruppengröße und der Leistungsstärke anpassen. Zusätzlich zur Zahl der Spieler können vor allem verändert werden:

- die Größe des Spielfeldes,
- die Höhe des Netzes,
- die Anzahl der erlaubten Bodenkontakte,
- die Zahl der Ballkontakte pro Spieler,
- die Zahl der Ballkontakte pro Mannschaft, bevor der Ball wieder in das Feld des Gegners gespielt werden muß,
- die Zählweise.

Dabei gilt grundsätzlich, daß das Spiel um so schwieriger wird,

- je geringer die Zahl der Spieler,
- je niedriger das Netz,
- je größer das Spielfeld und vor allem,
- je weniger Boden und Ballkontakte erlaubt sind.

Parteispiele mit gleicher Spielerzahl

Die Parteispiele 1 gegen 1, 2 gegen 2 usw. bis zum 8 gegen 8 eignen sich hervorragend, um alle fußballspezifischen technisch-taktischen Elemente zu trainieren.

Da sich die konditionelle Wirkung der Spiele um so mehr verstärkt, je kleiner die Anzahl der Spieler ist, können durch das Festlegen der Spielerzahl die einzelnen Faktoren der Kondition (die verschiedenen Ausdauer-, Kraft- und Schnelligkeitsfähigkeiten), wohl abgestimmt, mit verbessert werden.

Die Spiele werden nach dem Intervallprinzip systematisch im Wechsel mit kurzen Pausen durchgeführt. Dabei gilt: Je geringer die Zahl der Spieler,

- um so kleiner das Spielfeld ,
- um so kürzer die Spielzeit und
- um so länger die Pausen.

Die Spiele können in unterschiedlicher Weise organisiert werden:

- Handball-Fußball- oder Handball-Kopfball-Spiel im Wechsel. Dabei erfolgt die Ballberührung mit jedem Zuspiel von Spieler zu Spieler im Wechsel mit der Hand und dem Fuß (Kopf). Das erleichtert vor allem für die schwächeren Spieler die Ballkontrolle und damit das Kombinationsspiel.
- Freies Spiel in einem abgegrenzten Raum ohne Tore. Dabei geht es darum, den Ball in den eigenen Reihen zu halten und nicht an den Gegner zu verlieren.

- Alle Parteispiele auf 1, 2, 4, 6 Tore. Dabei werden unterschiedliche technisch-taktische Anforderungen gestellt (z.B. Flügelwechsel beim 4-Tore-Spiel, Spielverlagerung und Raumdeckung beim 6-Tore-Spiel).
- Parteispiele mit einer beliebigen Anzahl von Ballkontakten oder mit nur zwei oder einem Ballkontakt pro Spieler.
- Spielformen mit einer festgelegten Paß-Reihenfolge (zum Beispiel von Spieler 1 zu 2 zu 3 oder mit Doppelpaß-Rhythmus oder mit einem vorgegebenen Wechsel von kurzen und langen Pässen).
- Spiele im Wechsel von drei Mannschaften. Dabei greift Mannschaft A mit Ball an, Mannschaft B verteidigt und Mannschaft C hat (im Rücken von Mannschaft A) eine kurze Pause. Nach dem Angriff wechseln die Aufgaben (B greift an, C verteidigt und A hat Pause).

Parteispiele mit ungleicher Spielerzahl

Die Parteispiele 2 gegen 1, 3 gegen 1, 3 gegen 2, 4 gegen 2 und 5 gegen 3 bis 9 gegen 7 haben gegenüber den Spielen mit gleicher Spielerzahl eine Reihe von Vorteilen:

- Spieler mit einem unterschiedlichen Leistungsvermögen können durch die Handikap-Vorgabe (geringere Spielerzahl bei der besseren Mannschaft) gegeneinander gestellt werden, ohne daß die Spannung im Spiel verlorengeht.
- Die Mannschaft mit einer größeren Anzahl von Spielern kann durch Regelfestlegung (z.B. nur direkte Pässe) ein anderes technisch-taktisches Verhalten schulen als die Mannschaft in Unterzahl; dadurch ist auch positionsspezifisches Training möglich.

Spiele mit neutralen Zuspielern

Neutrale Spieler können in folgenden unterschiedlichen Spielformen zugunsten der jeweils ballbesitzenden Partei mit in das Spiel eingreifen:

- Im Spiel zweier Mannschaften unterstützt ein neutraler Spieler die ballbesitzende Mannschaft. Durch die Überzahl wird das Angriffsspiel verstärkt, dadurch werden die Techniken für das Offensivspiel und für die Kreativität verbessert.
- In einem Spiel zweier Mannschaften (in einem verkleinerten Spielfeld auf Tore) läuft außerhalb der beiden Seitenlinien je ein neutraler Spieler auf Ballhöhe mit. Bei jedem Angriff wird einer der beiden neutralen Spieler angespielt. Dieser kann unbedrängt von einem Gegner den Ball vor das Tor flanken. Die Flanke muß mit dem Kopf oder volley auf das gegnerische Tor geschossen werden.
- In einem Spiel zweier Mannschaften im freien Feld (ohne Tore; siehe oben) steht hinter den beiden kürzeren Begrenzungslinien je ein neutraler Spieler. Die ballbesitzende Mannschaft muß im Wechsel immer den einen oder anderen neutralen Spieler anspielen. Jeder erfolgreiche Paß auf einen neutralen Spieler zählt einen Punkt.

Spielformen mit Tabuzonen

Durch Tabuzonen, in denen z.B. nicht gedribbelt oder innerhalb derer nicht auf das Tor geschossen werden darf, können den Spielern ganz bestimmte technische oder taktische Verhaltensweisen abverlangt werden. So kann durch eine Tabuzone, die 10 Meter vor und hinter der Mittellinie quer über das ganze Feld verläuft, der lange Paß zur Überbrückung des Mittelfeldes erzwungen werden. Und wenn der Strafraum als Tabuzone für den Torschuß ausgegeben wird, dann müssen die Stürmer versuchen, mit Schüssen aus der »zweiten Reihe« zum Erfolg zu kommen. Der Trainer kann auf diese Weise technische Schwächen seiner Spieler sehr gezielt auf spielerische Weise verbessern.

Aus der großen Zahl denkbarer Varianten können hier nur einige Beispiele aufgeführt werden.

Aufteilung des Spielfeldes in drei Querzonen

Mit einer durch Fähnchen markierten Aufteilung des Spielfeldes in drei gleich große Querzonen können u.a. folgende unterschiedliche Spielideen umgesetzt werden:

- Ein Tor kann nur erzielt werden, wenn alle Spieler der angreifenden Mannschaft aus ihrem Verteidigungsdrittel in das Mitteldrittel aufgerückt sind. Dadurch wird die Bindung der Mannschaftsteile untereinander erhöht, der Spielraum verengt, das Kurzpaßspiel verbessert und die Laufarbeit der Spieler gesteigert.
- Die Mittelzone darf nicht durch Kombinationen überbrückt werden, sondern sie muß entweder durch lange Pässe (siehe oben) oder mit einem Tempodribbling durch einen Defensivspieler (Kontervorstoß) überwunden werden.

Aufteilung des Spielfeldes in Längszonen

Durch die Aufteilung des Spielfeldes in drei Längszonen kann z.B. gefordert werden, daß

- nach dem Abfangen eines gegnerischen Angriffs in der zentralen Zone der Ball immer in die nahe gelegene äußere Zone gespielt wird, oder
- beim Angriff die Zone gewechselt wird und damit eine systematische Verlagerung des Spiels in der Breite des Raumes erfolgt.

Mit diesen prinzipiell taktischen Aufgabenstellungen wird immer auch die zugrundeliegende Technik mit verbessert.

Der Weg vom »kleinen Spiel« zum Wettkampf mit einer Nationalelf vor großer Kulisse ist weit.

Tabuzonen für den Angriff
Durch die Linierung, die auf Fußballfeldern vorgegeben ist, können ohne größeren organisatorischen Aufwand Tabuzonen zur Steuerung des Angriffsverhaltens und der dabei benötigten Techniken eingerichtet werden.
Hierzu einige Beispiele:

- Der Strafraum als Tabuzone für den Torschuß: Dabei werden Schüsse aus größerer Distanz erzwungen (siehe das eingangs erwähnte Beispiel). Auch das Ablegen von Flanken per Kopfball nach hinten mit anschließendem Torschuß aus weniger bedrängter Situation kann damit geschult werden.
- Der Raum rechts und links zwischen Strafraum und Seitenlinie: Jeder Angriff muß zuerst bis in diese Räume vorgetragen werden. Erst von dort – also von nahe der Torauslinie – können Torschußsituationen durch Flanken oder mit flachen Pässen in den Strafraum vorbereitet werden. So ganz nebenbei wird dabei auch das Spiel mit Flügelwechsel geschult, weil sich die angreifende Mannschaft mit dem Seitenwechsel der Konzentration der Abwehrspieler auf der ursprünglichen Angriffsseite entzieht.

Rauf- und Tummelspiele

Aus der Vielzahl der unterschiedlichen Spielformen dieser Gruppe (darüber wurden umfangreiche Bücher verfaßt) können hier nur wenige, für das Fußballtraining gut geeignete Beispiele genannt werden.

Raufballspiel
Zwei Mannschaften mit einer beliebigen Zahl von Spielern kämpfen um einen oder zwei (Medizin-) Bälle und versuchen, diese in ein Tor (über eine Linie) zu werfen (zu tragen). Dabei kann mit der Hand und dem Fuß gespielt werden, und im Kampf um den Ball ist auch der (dosierte) Angriff auf den Gegner gestattet. Zur Vermeidung von Verletzungen sollte möglichst nur auf Rasen gespielt werden. Die Anzahl der Laufschritte mit Ball kann begrenzt werden.

Rollball- oder Handball-Prellspiel
Zwei Mannschaften spielen auf ein beliebiges Ziel. Dabei darf der Ball nur mit der Hand gespielt werden. Das Zuspiel zum Mitspieler erfolgt entweder durch Zurollen (wie beim Kegeln) oder als sogenannter »Aufsetzer« durch Zuprellen (indirektes Zuspiel). Dabei wird vor allem das Freilaufen aus dem Aktions»schatten« des Gegners geschult.

Ballvertreiben und Ballsichern
In einer Gruppe von Spielern hat mit Ausnahme eines Spielers jeder einen Ball. Sie schlagen ihre Bälle gleichzeitig (Zuruf, Pfiff) senkrecht möglichst hoch. Alle Spieler kämpfen um die zu Boden fallenden Bälle. Der eigene Ball darf dabei nicht erkämpft werden. Der Spieler, der ohne Ball bleibt, scheidet für diese Spielrunde aus. Die Art der Ballsicherung (mit der Hand oder nur mit dem Fuß) ist festzulegen.

Beim Ballführen auf Raubzug gehen
In einem abgesteckten Feld führt jeder Spieler seinen Ball möglichst eng am Fuß. In seinem Hosenbund (am Rücken) hat er eine Spielerweste lose hängen. Die Spieler versuchen sich die Westen gegenseitig zu rauben. Das Regelwerk kann sehr variabel gestaltet werden (z.B. Ausscheiden nach Verlust der Weste, Trophäensammlung in bestimmter Zeit, zusätzlich Wegschießen des gegnerischen Balles erlaubt usw.).

SCHLUSSBEMERKUNG

Spieler und Trainer, die dieses Buch gelesen haben, werden sicher beabsichtigen, die darin enthaltenen Informationen, Tips und Ratschläge im Training umzusetzen.

Dabei darf aber nie außer acht gelassen werden, daß die Behebung von technischen Mängeln weniger eine Frage der Trainingsmethode als vielmehr eine Frage der (Eigen-)Motivation des Spielers und seiner Überzeugung vom Wert des ständigen Übens ist.

Anders jedenfalls sind die z.T. erheblichen technischen Mängel vieler junger Bundesligaspieler kaum zu erklären.

Zu einer positiven Grundeinstellung und zur leistungssteigernden Trainingshaltung kommen die jungen Spieler allerdings oft nicht alleine, sie muß vom Trainer durch eine gute, motivierende Führung unterstützt werden.

Das Motto der Trainer muß lauten:

»Fördern, aber auch fordern!«

Das ist speziell im professionellen Nachwuchsbereich nötig, weil gerade dort die jungen Spieler von den Medien und dem Umfeld allzu schnell hoch gelobt oder auch zu hart kritisiert, jedenfalls nicht immer realistisch beurteilt werden. Der Trainer ist dabei in besonderer Weise gefordert. Er muß hier immer wieder neue Forderungen stellen und interessante Übungen erfinden. Wichtig ist es auch, den Spieler in geeigneten Situationen auf seine Mängel hinzuweisen und ihn aber gleichzeitig zum Üben anzuspornen.

Bei dieser Arbeit des Trainers gehen dann Aspekte der Trainingsmethodik und der Spielerführung – wie in so vielen anderen Situationen im Fußball auch – eine besonders glückliche Symbiose ein.

Wenn Trainer und Spieler zusammen durch gemeinsame Bemühungen in dieser Weise spürbar und sichtbar Stück um Stück vorwärtskommen, dann ist eine für beide Seiten befriedigende Partnerschaft erreicht. Eine Partnerschaft, die den Spieler verbessert, der Mannschaft nützt und die nicht zuletzt dem Trainer in seiner Arbeit eine tiefe Befriedigung verschaffen kann.

Der Trainer im Gespräch mit seinem Spieler: Sachlichkeit und Kritikfähigkeit – beides gehört dazu.